子ども・若者とともに行う研究の倫理

研究・調査にかかわる
すべての人のための実践的ガイド

プリシラ・オルダーソン
ヴァージニア・モロウ　著

斉藤こずゑ　訳

新曜社

Priscilla Alderson and Virginia Morrow

THE ETHICS OF RESEARCH WITH CHILDREN AND YOUNG PEOPLE

A Practical Handbook

English language edition published by SAGE Publications of London.
Thousand Oaks and New Delhi and Singapore,
© Priscilla Alderson and Virginia Morrow, 2011. All Rights reserved.
Japanese translation published by arrangement with SAGE Publications Ltd.
through The English Agency (Japan) Ltd.

謝　辞

　ヘレン・ロバーツ教授が、本書の初版の刊行にあたって仲介の労をおとりくださったこと、また、子どもの慈善団体バーナードーズが、初版と再版（1995と2004）を刊行してくださったこと、さらにSAGE社が、この改訂第3版の出版をお引き受けくださったことに感謝します。国際的な修士課程プログラム「児童期と児童の権利の社会学」に参加した同僚や学生の皆様の貴重な多くの洞察に、そして、パトリック・ブリンドルとジェレミー・トインビーにも感謝します。私たちは本書のために事例を送ってくださった世界各地の研究仲間に感謝するとともに、それらすべてを載せる紙数がなかったことを残念に思います。しかし、2004年以来の刺激的で多様な活動と変化をなんとか反映させることができ、さらに子どもや若者とともに行う研究の倫理についていっそうの前進を約束する、いくつかの有用なアイディアを提供することができたのではないかと思っています。

著者について

プリシラ・オルダーソン（Priscilla Alderson）は、ロンドン大学教育研究所の子ども研究の名誉教授です。彼女は30年にわたり医療研究倫理委員会に参加し、近年は、社会調査研究の審査委員会にもかかわっています。彼女は医学、看護学、社会学や心理学の専門家が研究倫理ガイドラインを策定する際に助言してきました。そして医療研究における倫理基準を高めるために、研究倫理を必要とする人たちの組織CERES（Consumers for Ethics in Research; 1989-2006）で数年にわたり仕事をしました。社会学者として、彼女は、未熟児、長期療養児や障害児、ロンドンの若者、学校における権利の研究など、子どもの生活と権利の多様な側面について研究してきました。多数の報告書の詳細はwww.ioe.ac.uk/ssru/ に掲載されています。最近の著作としては『年少児の権利（Young Children's Rights）』（Jessica Kingsley Publishers, 2008）、およびラウトレッジ社のシリーズの一冊『児童期、現実か幻想か —— 批判的実在論と児童期研究入門（Childhoods Real and Imagined: Volume 1: An introduction to critical realism and childhood studies）』があります。彼女は児童期と児童の権利の社会学について、研究所の修士課程で教鞭をとっています。

ヴァージニア・モロウ（Virginia Morrow）は、2010年までロンドン大学教育研究所の児童期研究の准教授でした。現在彼女はオックスフォード大学の国際開発学部の研究主任です。彼女は1988年以来、研究活動の焦点を子どもと若者に当ててきました。彼女の主な研究の興味は児童期の社会学の歴史学的観点にあり、それは児童労働や子どもの仕事、児童の権利、子どもの社会調査研究の方法と倫理、子どもによる家族や他の社会的環境の理解などです。彼女は多くの論文や報告書の著者であり、SAGE社から出版されている『児童期 —— グローバル子ども研究誌（Childhood: A Journal of Global Child Research）』の編者の一人です。

目　次

謝　辞　i
著者について　ii

序　論 —————————————————————————— 1
　いくつかの用語の定義について　　　　　　　　　　　　1
　研究倫理　　　　　　　　　　　　　　　　　　　　　　4
　本書の目的 —— 不確実性と問いの形式からの出発　　　5
　インサイダーあるいはアウトサイダーとしての研究者　　7
　本書の内容　　　　　　　　　　　　　　　　　　　　　9

第一部　研究計画の段階　　　　　　　　　　　　　13〜114

1章　研究を計画する —— 目的と方法 ———————————— 15
　2つの基本的問い　　　　　　　　　　　　　　　　　　15
　目的と方法についての問い　　　　　　　　　　　　　　15
　研究は行う価値があるか？　　　　　　　　　　　　　　16
　理論は重要だろうか？　　　　　　　　　　　　　　　　16
　観点は重要だろうか？　　　　　　　　　　　　　　　　17
　方法は重要だろうか？　　　　　　　　　　　　　　　　18
　研究倫理への関心の増大における3つの局面　　　　　　19
　研究を査定するための3つの倫理的枠組み　　　　　　　23
　不確実性 —— 倫理的研究の基盤　　　　　　　　　　　　28
　問いのまとめ　　　　　　　　　　　　　　　　　　　　29

2章　危害と利益の査定 ———————————————————— 31
　危　害　　　　　　　　　　　　　　　　　　　　　　　31
　利　益　　　　　　　　　　　　　　　　　　　　　　　32
　危険、負担、危害と利益の査定　　　　　　　　　　　　33
　危険−利益査定における混乱　　　　　　　　　　　　　35
　苦悩あるいは屈辱の危険　　　　　　　　　　　　　　　37
　問いのまとめ　　　　　　　　　　　　　　　　　　　　40

3章　権利の尊重 ── プライバシーと守秘性 — 41

守秘性に関する法的権利　41
オプトイン（参加選択）または、オプトアウト（参加拒否）　43
実践的な尊重　45
プライバシーの権利　48
1998年データ保護法　48
守秘性か承認か？　52
見知らぬ者同士の親しさ ── 研究におけるインタビュー　53
倫理とインターネット　55
地域の価値観を尊重すること　58
対面の接触におけるプライバシーと自由な応答の促進　62
伝統的な倫理は現代の研究経験や人間関係を扱えるか？　64
問いのまとめ　65

4章　研究を計画する ── 選択と参加 — 67

研究のテーマの枠組みを決めることと研究の範囲　67
尊重、包含と保護を結びつける　70
伝統的な倫理は社会的排除を扱えるか？　71
イメージとシンボル　72
包含を超えて参加へ ── 研究者としての子どもと若者　75
若者とともになされた国際連合関連の研究　79
若い研究者自身の特質の尊重　81
問いのまとめ　84

5章　金銭問題 ── 契約、プロジェクトへの資金提供および参加者への報酬の支払い — 87

計画すること、予算を組むことと研究の検討課題　87
倫理と資金の提供源　89
二酸化炭素排出の対価　89
倫理と契約　91
公表の自由　93
若い研究者と参加者への報酬の支払い　93
背景状況に応じた報酬の支払い　96
問いのまとめ　99

6章　目的と方法を審査する ── 倫理ガイダンスと倫理委員会 — 101

研究目的および方法の審査と改訂　101

社会調査研究は研究倫理委員会を必要とするか？	103
研究倫理委員会に関する最近の経験	106
国際的基準	111
全国的な社会調査研究倫理評議会が必要か？	113
問いのまとめ	114

第二部　データ収集の段階　　　　　　　　　115〜169

7章　情　報　　　　　　　　　　　　　　　117

口頭および書面による情報	117
研究情報リーフレット	118
リーフレットのレイアウト	122
研究情報リーフレットの例	124
他の言語によるリーフレット	124
半識字社会における情報	125
適切な研究か？	130
研究を通じて交換される双方向の情報	131
問いのまとめ	134

8章　同　意　　　　　　　　　　　　　　　137

同意と権利	137
同意の意味	138
オープンエンドの研究への同意	140
アセント	140
同意と法	142
子どもや若者による同意、および彼らのための同意	144
二重基準	145
親の同意の混乱	147
同意する能力を定義し査定する	149
意思決定における関与の水準	153
同意と拒否を尊重する	154
縦断研究への同意	157
同意と二次的データ分析	159
同意に関する国際的基準	162
国際的状況における研究	164
なぜ子どもの同意を尊重するのか？	166
子どもの同意に関する一般的問題	168

問いのまとめ　168

第三部　文書化、報告、追跡調査の段階　171～198

9章　研究結果の普及と政策実施　173
子どもにデータ分析にかかわってもらう　173
普及 ── 議論の核心と変化に至る　174
普及と政策実施 ── 子どもと若者、そして大人が変化のために一緒に働く　175
普及における諸問題　177
諸問題をめぐる創造的な方法　178
普及と報道メディア　180
批評者的な読者と観察者　182
子どもに対する根本的な態度と3つのP　183
問いのまとめ　184

10章　子どもへの影響　185
研究は子どもと若者にどのような集合的影響力を持つのか？　186
研究による子どもへの影響を検討する　187
肯定的イメージ　189
問いのまとめ　189

11章　結論　191
個人とチームの今後に向けた方法　191
個人のみでは解決できない問い　192
社会調査研究倫理機関の必要性　193
国家指針の概要　194
研究は行う価値があるか？　196
そして最後に　197

訳者あとがき　199
文　献　205
索　引　221

装幀＝新曜社デザイン室

序　論

　今日、子どもや若者は、彼らの生活の多様な側面について常に意見を尋ねられます。国や地方政府は子どものための無数の機関や支援提供者とともに、膨大な時間と努力と資金を投入して、熱心に子どもの意見を聞き、いろいろな支援を計画したり評価することに子ども自身が参加することを求めています。「国連児童の権利条約」(1989) は、子どもに影響を及ぼすすべての事項について子どもが自由に自分の意見を表明する権利を有すること、その場合、子どもの意見は、その子どもの年齢と成熟度に従って相応に考慮されることを明記しています（第12条）。さらにこの条約の54にわたる他の多くの条項も、子どもを尊重し子どもを参加させることに関連しています。各国政府による本条約の実行に関する進展状況の定期報告と、それへの国連委員会の応答に記録されているように、これらの児童の権利は、徐々に世界中の研究やコンサルテーション活動においていっそう尊重されるようになってきています（www.ohchr.org を参照）。しかし、子どもとともに行う子どもに関する研究やコンサルテーション活動は、倫理的問いを提起します。これらの問いを検討することは、効果的な研究の手順、方法、結果にとって極めて重要であるため、本書では研究がたどる主要な10段階で起こりがちな問いについて、その順序で吟味していきます。後で説明しますが、私たちは一般的な答えを提供するのではなく、皆さん自身が、特定のプロジェクトにおいて生起する実践的な問題について考え、その倫理的問題を回避したり解決する可能な方法について考えること、それを支援することを目指しています。

いくつかの用語の定義について

　私たちは**社会調査研究**を広義に、子どもや若者の意見や経験を収集し報告するあらゆる手続きを含むものとして定義します。プロジェクトの種類を長々しく列挙するのを避けるために、「研究」「調査」「プロジェクト」と呼びますが、それにはコンサルテーション、評価、監査、視察、そして参加型プロジェ

クトなど、データを集め、報告するすべての活動が含まれます。そして、これらはすべて、倫理的問いを提起する可能性があります。

観察や質問紙、事例研究、インタビューやグループ討論といった伝統的な**方法と活動**を利用することに加えて、研究者は子どもに彼らの日常生活の写真を撮ること、日誌を書くこと、地図を描くこと、ビデオを撮ることを依頼するかもしれません。彼らは子どもや若者を研究者そのものとして招き入れるかもしれず、そこで電子メールの使用や、チャット、フェイスブックのようなソーシャル・ネットワーキングのウェブサイトの利用も増大します。私たちはこれらすべての活動によって引き起こされる倫理的問いを検討します。

社会調査研究者は年齢を問わず、これらの種類の研究を行う人を指します。彼らは地域や国の政府機関や部局の職員であったり、営利的組織、独立組織あるいはボランティア組織の人びとであったり、学者や実践家、支援利用者や活動家の背景を持つ人かもしれません。彼らは専門家、学生、「非専門家」研究者、コンサルタント、評価者、ジャーナリスト、市場調査者かもしれません。彼らは自然科学や社会科学、人文学、ITや経営学の分野で研究しているかもしれません。彼らが子どもを観察し、会話し、子どもの意見や経験についてのデータを収集しているなら、本書では彼らを「社会調査研究者」と考えます。社会調査研究者は知識を増やすこと、モノやサービスを評価すること、政策や実践に情報提供したり変化させることを目的とし、さらにまた、子どもの参加と包含（inclusion）を促進することを目的とすることもあるでしょう。

本書が役立つことに気づいていただける**読者**には、データを収集し、処理し、分析して報告する人びとばかりでなく、研究やコンサルテーションのプロジェクトを計画し、資金提供し、委託し、管理する人びともまた含まれると期待しています。私たちは、研究倫理委員会（Research Ethics Committees: RECs）や機関審査委員会（Institutional Review Boards: IRBs）のメンバーに対してばかりではなく、研究の倫理的承認を得るためにこれらの機関に申請しようとする研究者に向けて書いています。研究倫理について教え、学ぶ人びとが急増していますが、そういう多くの人びとにとっても、本書が役立つことを望んでいます。もう一つの重要な読者のグループは、研究報告書や実施計画書を読んで諾否の判断を行い、さらに研究の推薦を公にしたり執行したりするであろう人びとです。倫理基準の知識と、研究者がそれらを自身の報告の中でどのように言及しなければならないのかということについては、政策立案者や実践家、支援使用者とその擁護者、資金提供者のために実施計画書を審査し、査読付き学術誌の

ために論文を審査する専門家などの批評者的な読者にも役立つでしょう。倫理に関する知識は、読者が研究について十分な情報に基づいて査定をするときに役立ち、また読者が、政策、実践、教育、そして後続する研究において現在の研究結果がどのように解釈され応用されるかということに関して、可能な影響力を考察するときに役立つでしょう。

　私たちは、研究されている人びとを通常**参加者**と呼びますが、これには異論があり、彼らが適切に研究について知らされておらず尊重されていない場合には、「研究の被験者」と呼ぶほうがより正確な場合があります（Smyth & Williamson, 2004）。

　私たちは本書の全体を通じて**子どもと若者**について論じますが、できるだけ読みやすくするために、時に敢えて「子ども」という表記で誕生から18歳未満の人すべてを示すことにします。

　私たちは、英国にとどまらない、研究倫理に関する**国際的**なハンドブックを書こうとしました。では私たちは、南半球の国とか北半球の国、東洋、西洋の国をどのように記述すべきでしょうか？　いずれも正確な対比ではありません。豊かな日本は極東にあります。オーストラリアとニュージーランドは貧しいとされる南半球にあります。ブラジルと中国も急速に、「第三世界」から「第一世界」経済へと変化しています。そこで私たちは、「富める／貧しい」という対比で世界について書くことを避けました。後で私たちは、「西洋」の倫理は「東洋」の倫理と完全に異なるという、新植民地主義者の仮定に挑戦します。私たちは「先進国／発展途上国」という言葉を、次に述べる理由から避けました。

　子どもとともに行う研究の倫理についての本の中で、私たちは幾分か抑圧的な主張である、不完全な「発達途上」の子どもがいつの日か「完全な発達を遂げた」大人になるという概念に挑戦します。なぜならこのような概念は、国際政治、経済、そして研究において、むしろ誤解を招くものだからです。すべての国が脱工業化した「発展した社会」を見習うべきだと仮定するのは、見下した考え方です。「発展した社会」は大変不完全なものです。「未発達」とされる国は、古くからの知恵に基づく洗練された文明を持っています。誰もが最も「発展した」そして軍国主義的な国の基準に合うように生きるべきだと思い描くのは非現実的です。なぜなら、そのためには地球6個分以上の資源を必要とするでしょう。「発展した世界」は、次世代が支払わねばならない膨大な負債を貯め込む代わりに、倫理や子ども時代への気遣いなど、より控えめな文明か

らもっと多くを学ばねばなりません。

　しかしまた、私たちは、英国に居る私たちの研究倫理の考え方を他のどのような国にでも容易に輸出したり押し付けたりできると言いたいのではありません。私たちは、世界人口の17パーセントの豊かな国に住む子どもと、83パーセントの貧しい国に住む子どもが、非常に異なる日常生活の様式を持っていることをはっきり認めたいと思います。用語としてはまだ広く用いられていませんが、私たちは、今日多くの子どもが、研究倫理に関して特段の問いを引き起こしうる不利な状況で生きていることを思い起こし、そこから多くを学ぶことを可能にするために、**マイノリティ世界**と（より貧困な）**マジョリティ世界**という概念を用いました。

　子どもとともに行う研究における生きた倫理を、単なる一連の技術や考え方をはるかに超える人間関係としてとらえた最も明確な理解の一例は、エチオピアの「根深い貧困と過酷な物質的剥奪」の中での生活を研究しているタケク・アベベ（Abebe, 2009: 461）に由来します。彼は子どもに食物や贈り物を与え、また子どもたちも彼にお返しに贈り物をしました。

　　　私は彼らの環境から離れることはできないと思うようになった … 相互的関係が、多くの実り多いやり方で研究空間を育んだ … 相互性は … いかに倫理的広がりが相互関係の産物であるかを示している … そして、あの権威ある倫理的原則は、相互作用の中で、研究参加者によって実際に生きられ、再生産され、経験されるのである。

研究倫理

　研究倫理は、各プロジェクトの全期間を通して、ある程度既存の基準によって、研究参加者を尊重することに関係しています。倫理基準ではまた、研究の信用ばかりでなく、研究者やその所属機関を守ることも意図されています。保健医療研究者は、1940年代に最初の国際綱領（ニュルンベルク綱領 Nuremberg Code, 1947）が合意されて以来、数十年間にわたって、倫理基準を徐々に発展させてきました。保健医療のRECsやIRBsといった国家組織は、今日では多くの国で制度的に定着しており、教育的なウェブサイトを提供し、その地域の研究実施計画書の定期的審査を行い、メンバーや執行委員会委員の養成に資金提

供しています。

　かなり最近になって、社会調査研究者は、いっそう公的に倫理基準を遵守することを求められるようになりました。学生研究者もまた公の倫理審査手続きに引き込まれつつあるもう一つの大きな集団を成しています。保健医療分野の倫理ガイダンスは、決して倫理基準の完全な解説ではありませんし、社会調査研究の分野の倫理とは異なる種類の危険や危害の可能性がありますが、それでもなお、それは社会調査研究やコンサルテーション活動全般において、倫理を考察し促進するために役に立つ考えを提供しています。本書の目的の一つは、このような考えについて情報提供し、社会調査研究者の間にそれについてのより多くの議論を巻き起こすことです。

本書の目的 ── 不確実性と問いの形式からの出発

　研究やコンサルテーション活動は、必然的に、困難な質問を問い、それに答えようとするものです。たとえ研究者が、課題領域全般についてよく知っており、起こりうる結果についてもわかっていると信じていたとしても、もしその研究が有効で行う価値のあるものであるなら、新しい、驚かされる、挑戦的な結果にいつも注意していなければなりません。そこで、研究者は不確実性から始めなければなりません。

　たとえば、福祉や教育、心理学的介入を検査したり評価するときに、研究者は、その新しく用いられる、あるいは、従来からよく用いられている介入方法がいかに効果的でありうるかに関して、まだ誰も確信を持っていないということを、自分自身と参加者に対して正直に認めなければなりません。逆に、もし確実性があるならば、研究自体に実行する価値がないことになります。研究者は、特に参加者が患者であったり他の傷つきやすい支援利用者である場合には、あまり不安を掻き立てないようにしながら、正直であることを巧みに操作しなくてはいけないかもしれません。

　そこで本書の主要目的は、次に掲げる理由から、あえて研究の伝統を問うことによって、研究者が検討すべき問いを提起することです。

　法律は、悪い行動を防ぐために、行為の最小限の基準を定めようとします。しかし、倫理ガイダンスは、主に答えを与えるのではなく問いを投げかけることによって、より高度な基準へと認識を高め、促すためのものです。そもそも

倫理は、これらの問いを扱う方法を提供するものです。

　社会調査研究は、考え方や研究のしかた、子どもや若者に対する関係の持ち方などが異なる、広い範囲の学問領域や専門性に及んでいます。そこで研究者はしばしば、一般的な倫理基準を、彼らの特定の研究においてどのように応用するのがいいのかを自問する必要があります。おそらく、この問いには唯一の正しい、専門的な解答はないでしょう。多くは各研究の状況、課題や方法に依存します。最善で、害の最も少ない解答を目指すこのような慎重な努力は、自力で、単なる出来合いの受け売りではない取り組み方を採ることであり、まさに倫理的な研究の一部を成しています。

　倫理基準を適用するための合意された原則や詳細な手続きは存在しますが、時にその原則は互いに矛盾するように思われます。たとえば、私たちはいかにして子どもを搾取せずに、研究で彼らに質問しうるでしょうか？　私たちは子どもを沈黙させたり排除することなく守り、保護することができるでしょうか？　私たちは、彼らを苦しめることなく、厳密な調査を遂行できるでしょうか？　形式倫理への批判者は、これらのジレンマにおいてどのような単一の原則も完全に妥当な倫理的基礎を提供することはできないと主張するかもしれません。しかし、これらのジレンマは必ずしも複数の原則からの選択を意味しません。なぜなら、諸原則は概して相補的でもあり、巧みな研究とは、原則同士をうまく比較考量する方法を参加者とともに見出すことを意味するからです。

　倫理的検討は、それぞれの方法の長所や短所を問い、それがいかにそれぞれのプロジェクトの目的と問いに関連し、したがって効果的であるかを問うことを意味します。

　倫理的問いは研究のすべての側面に織り込まれ、方法や結果を形づくります。倫理は、想定される完全な最終地点に到達することではなく、この過程について批判的に考察することを意味します。倫理をめぐる旅程を地図に描くのに役立つ、よく用いられる標識があり、その多くが、本書では、指令ではなく研究者が疑問を持ち熟考するためのプロンプト（きっかけ）として現れます。研究の進行過程を通じて、倫理的課題やそれをいかに解決しようとしたかについて記録をつけることも、また有用だと言えます。

　本書は、個人や集団に対して疑問を喚起し、十分な情報に基づく議論を促進し、子どもとともに行う研究の倫理について、専門的で公共的な理解を今日的に発展させることに寄与することを意図しています。

インサイダーあるいはアウトサイダーとしての研究者

　研究者は、自分自身の実践や組織、提供する支援を検討する「インサイダー」であるかもしれません。また、彼らは単に自身のプロジェクトの実行のために研究の場を訪れる「アウトサイダー」であるかもしれません。それぞれの立場は、以下に、同じ番号で示した利点を持っています。

　熟達した「インサイダー」としての利点：
（1）あなたはすでに全般的な背景と特定の課題や状況設定を熟知しているので、インサイダーとして持っている多くの知識に依存することができる。
（2）あなたはおそらく、しばしば所属機関にとって利益となるように意図した直接的、実践的目的から開始できる。
（3）研究の場への出入りは、迅速かつ容易に準備されるだろう。
（4）あなたはすでに参加者との信頼やラポート、仕事上の良い関係を築いているだろう。
（5）あなたは一緒に仕事をする大人や子どもに対して、研究を計画すること、実行すること、そして研究に貢献することに関与させることが容易だとわかるだろう。
（6）そこでこれらの人びとは、そのプロジェクトが「自分たちのもの」だと感じ、その遂行過程や結果を得ることを進んで援助するだろう。
（7）その機関の慣例や指針を変えるなど、研究結果を実践に移すという最も重要な最終段階に際して、あなたは必要な時間や接触や適切な機会、そして援助を得るだろう。この長くて困難な段階は、あまりにも多くの研究プロジェクトで不問にされている。

　熟達した「アウトサイダー」としての利点：
（1）あなたは予定や予算通りに、研究のすべてを通じて、計画し、実行するのに効率の良い方法をとる専門家であるべきだ。あなたはインサイダーが見逃す重要問題に気づくかもしれない。そしていっそう自由に、研究にとって重要な独立した批判的観点をとるだろう。
（2）重要な目的を達成するには時間がかかるかもしれない。たとえば誰が研

究結果の恩恵を受けるのか受けないのか、またその状況で「恩恵」とは実際に何を意味するのかを問うなどのように、憶測ではなく、問いを批判的に検討することが実際に役立つ。
(3) あなたはなかなか現場に入ることができないかもしれない。しかしそれはあなたが関係するすべての人に情報提供し、彼らの同意を求め、高度な倫理基準を遵守することを確実にするために役立つだろう。
(4) あなたは参加者との良い協同関係を迅速に築けるはずである。あなたは良くも悪くも彼らと関係した歴史がないので、それが役に立つ。彼らは研究者としてのあなた、つまり同僚や支援の提供者としてではないあなたとかかわる。あなたの独立性は、人びとが問題に関してあなたにより正直に話すことに役立ち、そしてあなたについて公平で、偏見を持たず、守秘に大変注意深い人だと期待する助けになるかもしれない。
(5) あなたは多くの時間をかけて、人びとがどのように研究に関与することができるかを彼らと話す必要がある。しかしこの過程は、彼らが、十分な情報に基づいて強制を感じることなく意思決定を行い、研究における彼らの役割に専念することに役に立つ。
(6／7) もしあなたが彼らから十分な情報に基づいて理解したうえでの信頼と尊敬を得られたならば、調査結果を応用するために彼らと協同できるようになる前にあなたの契約や予算が終了してしまったとしても、参加者は予想外でむしろ不評を招く研究結果でさえ、進んで受け入れるかもしれない。

　これらの長所を組み合わせる一つの方法は、インサイダーとアウトサイダーの混合チームを作ることです。それには、極めて異なる彼らの立場を公平に扱うために、研究の全過程を通じた慎重な交渉に十分な時間をかけなくてはなりません。もう一つの方法としては、研究の計画から結果に基づく提案の実行までのすべての段階に関与する参加者の仕事を援助するために、主要なデータ収集と報告段階の前と後に、より多くの時間を投入することです。
　インサイダーは、自分に対しても、関与するすべての人に対しても、いつ「研究の帽子」を被っておりいつ脱いでいるのか、一目瞭然にすることが極めて重要です。インサイダーは、より批判的な議論、挑戦的な議論、機密性の高い議論が求められるとき、それを示すために「研究者」というバッジをつけることができます。そこで、この決定的な差異と独立性を指摘するために、私た

ちは研究やコンサルテーションを行い、彼ら自身や他の人の支援を評価するすべての人を、「研究者」と呼びます。

本書の内容

　読者が興味のある問題を見つけるのに役立つように、10個の章は「10個のトピック」に基づいています。これらは社会調査研究やコンサルテーション活動によって提起される実際的な倫理的問いを、初期の計画段階から順を追って検討しています。この10個のトピックは各章の末尾で要約されます。いくつかの章では、その章の直接的な実践的関心事を超えて資料が追加されています。1章では研究における倫理の意味、歴史、理論と実践を簡単に復習します。私たちは、保健医療研究者や社会科学者、教師、ソーシャルワーカー、ジャーナリストや市場調査者、などのために書かれた国内および国際的な倫理ガイドラインから考えを集約しました。なかには非常に厳格で狭量でありすぎると思われる指導すなわちガイダンスもあるので、ここでは次の問いを提起します。

- 研究者は研究を行っている間に、彼ら自身の道徳的感覚や人間関係を熟考することから何を学ぶことができるだろうか？（3章）
- 研究者は子どもや不利な境遇にある集団の利益、権利や能力をより深く認識することによって、伝統的研究方法をどのように倫理に関して補完することができるだろうか？（4章）
- それぞれの研究プロジェクトに、資金的および専門的圧力、時間の制約、ストレスその他の多くの日常的、実際的なことがらがいかに影響するのか、そしてそのような圧力はどのような倫理的問いを提起するのか？　研究の中で役割を果たすことに対して、子どもや若者に報酬を与えるべきだろうか？（5章）
- 社会の価値観や政治、経済などを含む、より広い社会的な文脈は子どもにかかわる研究にいかに影響するだろうか？（6章）
- 研究者はいかにして明確な情報を与えることができ（7章）、十分な情報に基づいて自由に与えられる同意や拒否を尊重することができるだろうか？（8章）
- 個別的な「研究者－子ども関係」を超えて、研究はすべての子どもにどの

ように影響するだろうか？　研究報告書が世論やメディアの見解、さらに専門的政策や実践に影響を及ぼすとき、子どもや若者にどのような集合的な影響を与えるだろうか？（10章）
- 個々の研究者や研究チームは、彼らの仕事で異論の多い問いを解決しようとするときに、どのように援助を得ることができるだろうか？　研究倫理委員会は役立つだろうか？（6章および11章）

本書では、また、しばしば見過ごされがちな、以下に示した研究の2つの段階にかかわる倫理についても検討します。

- 研究チームを結成し、そしておそらくは最初から参加者に協同研究者として関与してもらうときの初期計画。（4章）
- 研究報告が公表された後、結果を広く普及させ、研究を政策や実践に結びつけようと働きかける最終段階。（9章と10章）

11章では、子どもや若者に関する社会調査研究にかかわるすべての人に向けて、将来の政策への実践的提案を概説します。

　私たちは、本書全体にわたって、研究者や他の方々から送られた事例や、出版物からの事例を含めました。これらの事例は、いかに他の人びとが多様な問題に挑戦してきたかを示すとともに、ここに提示した問題点のいくつかを読者が考察するときに役立つよう意図されています。これらの事例が示していることは、倫理的問いが明確になり、他の研究者や審査者、若い参加者自体も一緒になって直接的間接的に調べるならば、いかに感度よく、明白で、妥当な研究やコンサルテーション活動が実行できるかということです。

　この新しい版では、私たちは、マジョリティの世界で子どもとともに行う研究が進展しつつあることを示すために、国際的研究をより強調しました。重要な新しい文献は、エニューとプラトー（Ennew & Plateau, 2004）、ロウズとマン（Laws & Mann, 2004）、シェンクとウィリアムソン（Schenk & Williamson, 2005）、そして『チルドレンズ・ジェオグラフィーズ』誌の特集号の、ビーズリーほか（Beazley et al., 2009）の序論と論文です。このように言っても、子どもとともに行う研究で起こる多くの問いは世界共通であり、権力とかかわり、管理者に接近し交渉することであるので、私たちが国際的研究を強調するからといって、国や文化の間の差異を誇張したいのではありません。そこにはマイノリティ世

界とマジョリティ世界という、誤った二分法をもたらす危険があり、それは私たちが避けたいことです。研究倫理では常に、子どもや児童期についての地域的背景や解釈を考慮し、また子どもと大人の関係について、特に権力の力学の観点から、いかに子どもが大人に従うことを期待されているのかといった点を考慮する必要があります。

　このハンドブックは、倫理ガイドラインがたびたび改正され、資金提供者が新しい基準を設定し続けているという非常に急速な変動期における、一つの情報源です。そこで、私たちは読者に書籍や報告書を紹介することに加え、私たちがその開発にかかわったウェブサイト上で提供される研究者のためのオンラインガイドブック（www.ethicsguidebook.ac.uk.）を含めて、頻繁に更新されているウェブサイトも引用します。

第一部

研究計画の段階

1章　研究を計画する ── 目的と方法

2つの基本的問い

　研究、評価、監査またはコンサルテーション活動のいずれかによらず、どのような研究においても、研究を開始する際には2つの基本的な倫理的問いがあります。

- その研究は行う価値があるだろうか？
- 研究者が参加を依頼する誰もがインフォームドコンセント（十分な情報の開示に基づく同意）や拒否を研究者に与えることができるように、研究者はその研究を十分明確に説明できるだろうか？

　これら2つの問いはたくさんの下位の問いを導きます。そこでこの章では、研究のさまざまな目的と方法によって生ずる下位の問いを吟味することから始めます。その後、研究倫理についての自覚が増していく3つの段階について概説します。これらは義務、権利、危害または利益に関する考えに基づいて調査研究を査定するための、3つの主要な倫理的枠組みと関連しています。この章は、不確実性から出発することの重要性に回帰して終わります。

目的と方法についての問い

- リサーチクエスチョンは問う価値があるか、それはなぜだろうか？
- それらはすでに答えが与えられているか ── このリサーチクエスチョンに関する先行研究を、綿密な文献調査によって調べただろうか？
- リサーチクエスチョンは誰の利益のために問われているのだろうか？
- 研究を効果的に実行するために、研究方法はどの程度良く研究目的に適っ

ているだろうか？
- 選択した方法は、リサーチクエスチョンに答えるために最善の、あるいは少なくとも最も理に適った効果的な手段を提供するだろうか？
- 選んだ方法の長所と限界は何だろうか？

研究は行う価値があるか？

　研究、コンサルテーション活動や評価は、それらが間違った問いを問うている、あるいは方法が問いに適合しないという意味で、倫理的でないことがありえます。そのような研究は時間とお金の浪費となり、最良でも役に立たない答えを得るだけで、最悪な場合には、将来的に、見当違いでむしろ有害な政策の根拠となる誤った答えを導くことになりかねません。

理論は重要だろうか？

　研究はしばしば、理論的かまたは実践的かのどちらかとして見られます。しかしそれはそれほど単純ではありません。第一に、ボックス1.1が示すように、すべての研究やリサーチクエスチョンは理論に基づいています。私たちは、たとえば、子どもたちはどのようでありどのようであるべきかについての信念や理論を持つことを避けることはできません。20世紀の大部分の間、発達心理学が児童期の研究を左右しており、それは、子どもを完全な「人間」としてではなく、「人間になるもの」として構成しがちです（James & Prout, 1997; Mayall, 2002; Qvorturp, 2005; Alderson, 2008）。
　子どもの無能力についての理論が疑問視され始めてやっと、子ども自身の経験や能力をより評価する研究が資金を得て、行われるようになりました。研究者が子どもをまぎれもない人間と見なす理論を受容して初めて、研究においてより相互に尊重しあう倫理的関係が導かれるのです。

> **【ボックス1.1】用語を定義し、理論について考える —— 障害のある家族の「若い介護者」**
>
> 　子どもを「若い介護者」と見なすためには、平均して1週間にどのくらいの介護の時間が提供されるべきでしょうか？　そしてその時間は、障害者のいない多くの家族の中で、子どもが提供する家事、子守や愛情深い援助とどれほど異なるでしょうか？　子ども（そして障害者）を犠牲者と見なすか問題解決者と見なすか、自ら何もできない依存者と見なすか他の家族メンバーとやりとりする相互依存的な貢献者と見なすかというように、理論による子どもの捉え方の違いは、リサーチクエスチョンや結論を変えるでしょう。

観点は重要だろうか？

　かつて研究者は、すべての人に当てはまる単一の一般的見方が可能であると考えていました。しかし、子どもを見たり理解するしかたには常に異なる方法があり、それは子どもから彼ら自身についての説明を引き出し、それを解釈する方法にも変化を及ぼします。家族のそれぞれのメンバーは異なる観点を持っています。そこでたとえば、学校を「ずる休み」あるいは「脱走」する子どもには、そのようにする確たる理由があるかもしれません。そこで研究者は、彼ら自身の子どもを研究する「立場」と、その立場の倫理的意味を考える必要があります。すなわち、彼らは子どもの立場に立って子どもを理解しようとしているのか、あるいは、両親、教師、ソーシャルワーカー、政治家、納税者などの大人の観点に立っているのかということです。より新しい取り組み方は、子どもの立場や能力を尊重し、研究方法の基礎をこの点に置くものです（Mayall, 2002）。そこで、理論を検討する倫理的で有益な第二の方法は、立場を当然のことと見なすのではなく、立場をより理解し、権力差や、研究が誰の利益になるのかといった背景についてよりよく理解することです（【ボックス1.2】）。

【ボックス1.2】学校を拠点とする行動プログラムを評価する

架空の事例

　学校Aは、専門家組織によって行われた行動プログラムを査定するためにあるチームを招聘しました。この行動プログラムでは、1週間に1日、午前中に学校内で「最も困難な」12人の子どもとその母親が、遊びと教育のセッションに参加しました。このチームは、教師と両親、そして行動プログラムを担った組織の意見を得るために、質問紙調査をするよう依頼されました。チームはより広い範囲の意見や別の選択肢についても検討することにしました。彼らは学校のすべての子どもに、行動プログラムの効果についてどう思うか、問題行動に対処するためのより良い方法があると考えるかどうか、そして彼らだったらこのプログラムのためにどのように予算を使うだろうかについて尋ねました。子どもたちは、大人よりもこの行動プログラムに効果があったとは考えていないようでした。彼らは遊びセッションと予算は学校全体でより公平に共有されるべきだと考え、外部の援助を求める代わりに、すべての子どもとスタッフが問題行動に取り組むために一緒に働くやり方について、積極的な考えを持っていました。異なるグループからの答えは、人びとがいかに彼ら自身の観点や興味から語りがちであるかを際立たせるものでした。12人の母親は、自分や子どもに問題があると是認するようなことになるといけないので、行動プログラムを批判することを恐れていました。専門家組織は行動プログラムを自賛し、週に1日、最も困難な子どものいない朝を重宝がっている教師も同様でした。学校の200人の子どもは、授業時間中に彼らがより多くの遊びプログラムを行えるよう望んでいました。

方法は重要だろうか？

　3章では、個々のデータ収集方法やその情報源が、いかに「人類すべての…価値と尊厳」（UN, 1989）の尊重にかかわる倫理的問いを提起するかについて吟味します。たとえば複合的方法は、子どもを積極的に、そして尊重して仲

間に入れることに役立ちます(【ボックス1.3】)。

【ボックス1.3】参加型モザイク・アプローチ

幼児期初期の環境設定と支援に関する子どもの観点からの描写を得るために、3歳から4歳の子どもが写真を撮り、遠足に行って、大人と話しながら(子ども主導の会議)、地図と絵を描きました。研究者は「傾聴の枠組み」を以下のように述べています。

- 子どもの異なる「声」や言葉を認める**複合的方法**(マルチ・メソッド)
- 子どもを彼ら自身の生活の熟達者であり行為主体として扱う**参加型**
- 子どもや実践家、両親とともにデータの意味づけや解釈を熟考する**再帰性**(リフレキシヴ)
- さまざまな幼児期初期の環境に適用可能な**適応性**
- 子ども自身の経験や見方への**焦点化**

情報が収集され、その後会話や熟考、解釈のためにそれらが繋ぎ合わされます。このアプローチは得られた知識や受けたケアというよりもむしろ、生きられた生活を見ることを含む多様な目的のために用いられます。それは実践に埋め込まれ、個々の評価、内部監査、保育の監査、環境変化、現在進行中の会話の促進、信頼性の増大、技術の開発、子どもをより積極的な参加者になるよう奨励することなどを評価する道具として用いることができます。慎重に傾聴し、子どものプライバシーを尊重し、彼らの自由時間の妨害を避けるなどの配慮をします(Clark & Moss, 2001)。

研究倫理への関心の増大における3つの局面

この節では、社会調査研究における研究倫理の背景として、より長い歴史を持つ保健医療研究(Beauchamp & Childress, 2000)において倫理への関心が増大した3つの局面について概説します。

第一局面 「良い」ことをすると気分がよい —— 善行と義務

初期の医療倫理ガイドラインは、礼儀作法、同僚との関係、専門職に対する一般の人々の敬意を促すことが主眼でした。これらの基準のいくつかは患者の利益になりましたが、それはまた医療専門家の権威や権力の役に立ちました。紀元前5世紀のヒポクラテス以来の伝統では、医師は何が患者にとって「良い」かを知っていると見なされていました（【ボックス1.4】）。

【ボックス1.4】第一局面　善行と義務 —— 主要な仮定

- すべての真の専門家は、支援の受け手の利益に資する義務を果たす。
- 基準は訓練と熟達者の知識によって守られる。
- 専門家であるということは、支援の受け手にとって何が良いかについての最良の判断者であることを意味する。

第二局面　危害への配慮 —— 尊重と権利

これらの信条への信頼は、ナチスによる実験などの有害な研究による不正事件によって揺るがされ、法律家が最初の国際研究倫理ガイドラインである**ニュルンベルク綱領**（the Nuremberg Code, 1947）を策定する誘因となりました。それは以下のように始まります。

1. 被験者の自発的な同意は、被験者が、圧力や詐欺、欺瞞、脅迫、陰謀、その他の隠された強制や威圧による干渉を少しも受けることなく、自由な選択権を行使するために、絶対的に必要な〔能力〕である。

英米法に基づいて、**綱領**は個人の完全性（integrity）を尊重します。同意を与える能力のある人だけが、研究への参加を依頼されるべきだとされます。子どもは、研究の被験者になるにはあまりにも無防備で、まだ能力を備えていないため除外されました。研究の被験者の候補者は、彼らが研究に参加したいか

どうかについて「理解し、情報に基づいた意思決定」をすることができるように、危険と期待される利益についての十分な情報を与えられなくてはなりません（【ボックス1.5】）。

【ボックス1.5】第二局面　危害への配慮　── 主要な仮定

研究や支援は、利益になるとともに危害を与えることがありえる。

- 専門家はいつも利益を与えるように行動するとは限らない。
- 専門家の専門性と自己規制は価値があるが、十分な安全装置ではない。
- もし明確に説明されるならば、一般の人びとも専門的情報を理解できる。
- 研究の被験者の候補者のみが、研究に同意し、危険を冒すか否かについて「十分な情報に基づいた」意思決定をすることができる。
- 人権は尊重されなければならない。

第三局面　慎重な信頼 ── 危害と利益を比較考量する

「ヘルシンキ宣言（The Declaration of Helsinki）」（World Medical Association [WMA], 1964/2008）は、十分な研究のなされていない危険な医学的治療に関する一般の懸念に応えて医師たちによって制定された、研究倫理に関する最初の国際的規範でした。ヘルシンキ宣言は医師の専門性と、「苦痛を受けている人を救助する」という彼らの任務から始めることによって、信頼を与えようと努めています。「インフォームドコンセント」に関する言及はわずかであり、その代わりに、危害と利益、研究に実行価値があるか否か、いかに被験者の利益を守るかについての、医師による査定が強調されています。

　人を被験者とする医療研究は、適切な科学的訓練と資格を持つ個人によってのみ行われなければならない。患者や自発的に志願した健常者に関する研究は、有能で適正な資格を持つ医師や他の保健医療の専門家による監督を必要とする。研究の被験者の保護に対する責任は常に、医師や他の保健医療の専門家にあり、たとえ同意を与えていたとしても、決して研究の被験者にはない。（2009年版の

第16節)

　徐々に、医師は、彼らが過ちを犯し、危害を及ぼす可能性があることを認めるようになり、今では研究に参加する患者に対して、特段の倫理的義務を持つことを認識しています。しかし残念なことに、危険な医学的実験における「モルモット」としての子どもの事例が報告され続けています（Sharav, 2003; Save the Children, 2007）。1970年代から徐々に新しい生命倫理の学問分野が、法と哲学、保健医療が結びついて発展してきました。生命倫理は、まずは保健医療研究のため、そして後には社会調査研究のための、世界中のガイドラインと研究倫理委員会のネットワークに広がっていきました。(【ボックス1.6】)。研究者は、人びとが研究プロジェクトに参加するか否かについて、よく理解したうえで強制されずに決めることができるよう、十分明確に研究について説明することを求められます。私たちは本書を通じて生命倫理の考え方を用い、社会調査研究に対するそれらの長所と限界について意見を述べます（6章参照）。

　生命倫理の重要な点は、子どもについて研究することは彼らの面倒を見たり教育したりすることとはまったく異なるということです。そこで、たとえば教師やプレイワーカー、ユースワーカーは、あたかも研究が彼らの仕事の一部であるかのように、また、あたかも子どもにインフォームドコンセントを求める必要がないかのように、単純に自身の関与する子どもや若者についての研究をすることはできません。すべての研究において、公式の倫理基準を遵守することが不可欠です。

【ボックス1.6】第三局面　慎重な信頼 ── 主要な仮定

- 専門家は独自の専門性を持ち、高度な基準を遵守する。
- 専門的知識は検証されなければならず、適正な研究に基礎が置かれなければならない。
- 改善された専門的統制は研究の倫理基準を促進することができる。
- そのうえでなお、専門家は研究対象の人びとに情報提供し、研究に参加するか否かについての彼らの意見と意思決定を尊重しなければならない。

私たちは、社会調査研究の倫理は医療倫理とそのガイダンスの歴史から多くを学ばなければならないと提唱します（巻末の参考文献を参照してください）。社会調査研究の大規模な助成基金によっては、研究者がヘルシンキ宣言を遵守するという誓約書に署名するよう求めます。多くの条項の中で、ヘルシンキ宣言は以下のように述べています。

- 研究者はすべての情報を提供し、同意を求めなければならない。
- 人に関するすべての研究は、倫理委員会によって審査されなければならない（6章参照）。
- 研究実施計画書は、関連する倫理的配慮に関する言明を必ず含まなければならない。
- ヘルシンキ宣言の原則に従って行われなかった研究報告は、研究誌によって「公刊のために受理されてはならない」。

研究を査定するための3つの倫理的枠組み

　専門家の倫理における主要な3つの実用的方法、あるいは枠組みは、幾世紀にもわたる、**義務、権利、危害、利益**に関する哲学的議論に基づいています。【ボックス1.7】は、この3つの方法がどのように異なっているか、それぞれの取り組み方の長所と限界、それぞれの投じる問いを示しています。義務に基づく取り組み方は、とりわけ3つの主要な義務である正義、尊重、そして危害を与えないことを重んじています。それには時に4つ目の義務として、利益を与えることが含まれます。

【ボックス1.7】3つの倫理的枠組みの要約とそれぞれが提起する問い

義務（義務論）
- 正義 ── 目的と方法は正しくかつ公平だろうか？
- 予想される研究の利益と負担は公平に分担されているだろうか？
- 自律性の尊重 ── 研究者は参加者を、彼ら自身が扱われたいと思うように扱っているだろうか？

- 危害を与えない —— 研究が有害であったり役に立たない可能性はないだろうか？

権利
- 研究者は、参加者の以下の権利を尊重しているだろうか？
  - 現在までに最良の可能な治療、ケア、または資源だとわかっていることは何だろうか？
  - 危害、無視、差別から保護されるだろうか？
  - 十分な情報に基づいて同意や拒否を与えるなどの自己決定ができるだろうか？
  - 干渉がなく、過度に侵入的、拘束的ではない研究だろうか？

危害－利益（功利主義）
- 研究者はいかにして彼らの研究による危害を軽減し、防ぎ、そして利益の機会を増やすことができるだろうか？
- どれが目標にすべき最も良い結果であるかを、いかにして決めるのだろうか？
- 子ども、両親、研究、あるいは社会の、どの利益を優先するのだろうか？

研究をしないことによる危害、子どもを関係させず大人にのみ聞くことによる危害があるだろうか？

【ボックス1.8】では、これら3つの枠組みが、若者への特別援助プログラムに関する研究にどのように適用されるかについて、架空の例を挙げます。それはこれらの枠組みが、相互に、またそれぞれの内部で、いかに齟齬があるかを示しています。

【ボックス1.8】義務、権利、危害－利益の枠組みを適用する

薬物依存や、自傷行為があり時に自殺願望を語るコミュニティの若者のために、特別援助プログラムが計画されています。プログラムを遂行するスタッ

フは新しい計画を提案すべきか否かについて、互いの意見が大変異なっています。（スタッフはまた、3つの枠組みに従って計画を検証する最も良い方法についても議論しましたが、ここではその議論は載せませんでした。）

　義務に基づく回答は、以下のように異なるでしょう。

- 私たちは、新しい特別 – 援助計画をすべての若者に同時に、そして公平に提供し、慎重に研究の記録を取り続けなければならない。
- 私たちはすべての人を未検討の計画から守り、他者の利益のために彼らではただ単に試すだけということがないようにしなければならない。
- 私たちは若者に情報提供し、研究計画に参加するか否かを決定させることによって、彼らを尊重しなければならない。
- 私たちは、制限のある計画を提供するときにその対象となる人を、いかにして公平に選択できるだろうか？

　権利に基づく回答には以下のようなものがあるでしょう。

- 誰にでも計画に参加する権利がある。
- 誰にでも計画を拒否し保護される権利がある。
- 誰にでも計画に参加するか否かについて十分な情報に基づいた決定をする権利がある。

　危害 – 利益に基づく回答には以下のようなものがあるでしょう。

- 私たちはそれぞれの若者ごとに、計画に参加することによる危害、参加しなかったことによる危害を、予想される利益と比較検討することによって、その計画を実行する価値があるか否かを決めなければならない。
- 私たちは、もし計画がうまくいけば参加し、うまくいかなければ参加することから保護されるであろう将来の多くの若者に備えて、予備的研究で若者への危害と期待される利益とを比較検討しなければならない。
- 危険 – 利益の兼ね合いはとてもあいまいなので、若者のみが決定できる。

3つの枠組みの限界と長所

(1) 倫理は、明確で、皆に合意される解決策を与えてくれるものではない。その主要な使用法は、ジレンマをより明確に深く理解するための探究の方法として用いることである。人はそれぞれに一つかそれ以上の枠組みを好む傾向があるので、倫理はそれぞれの意見のよりどころを知ることや、堂々巡りに陥ったり食い違ったまま話すことを阻止して時間を節約することに役立つ。

(2) それぞれの枠組みの中にも枠組み相互の間にもしばしば不一致があり、どの枠組みが最も良いかをめぐる議論がある。権利と義務は昔の規則に遡って言及される傾向があり、「正しいこと」をするという目標が、時に過酷で不公平に感じられるかもしれない。危害と利益の分析は、意思決定から起こりうる結果を見ようとする。その目標は、「最も良いと思われること」をすることであるが、より大きい集団の利益のために少数集団への危害を許容するかもしれない。

(3) 倫理に関する議論は、かなり枝葉を切り離した抽象的なものになりがちで、各事例の現実の複雑な細部を無視しがちである。

(4) 子どもにかかわる研究倫理においては、新しい考え方を発展させる必要がある。伝統的な倫理では、干渉がないことの重要性、そして故意の危害を避けることの重要性を正しく強調するが、子どもに話させず、研究から除外するという過度な保護による危害に関してはほとんど言及されていない。

(5) 異なる集団の権利が葛藤する可能性がある。たとえば以下の集団の間で葛藤がありうる。

(a) 支援を受けたり、研究に参加する子ども（あるいは他の人たち）、(b) 保護や、公的支援、研究を提供する、両親や他の大人、(c) これらの支援に対して対価を払う一般市民（4章参照）。

葛藤する利益や、権力や資源の不平等に関する研究では、中心となる中立的で公平な基盤というものはありません。そこで研究者には、彼ら自身の誠実さがどこにあるかを吟味し、自身の立場を問い、正当なものとなるよう試みることが役立ちます。

限界があるにもかかわらず、この3つの枠組みは社会調査研究において起こりうる問題を考えるとき、また問題の影響を防ぎ軽減するときに、有用な方法となります。これらの枠組みは広く理解されており、日常的に用いられる共通概念に基づいています。権利にかかわる言葉をすぐに正しく用いることはできないかもしれませんが、幼児ですら、正義や権利、親切や公正であることについて話したがります（Gordon-Smith, 2009）。しかしまた、これらの枠組みが相互に矛盾していたり、それらをどう実践に移すかについて必ずしも常に明確ではないときに、これらの枠組みは倫理的査定の細部において混乱させることにもなります。

倫理基準はすべての国で機能しうるか？

　一つの見方では、各文化は大きく異なるので、それぞれが独自の倫理を持っていると思われます。確かに、倫理的研究は、地域の関心事や価値観、慣習に敏感になり、それらに適合しなければなりません。しかし、たとえば、子どもや大人に正直に情報提供することや、彼らの同意を求めること、彼らの拒否を尊重することにおいて、倫理的基準は各国の間でどのくらい異なっているのでしょうか？　文化は相互に異なりますが、文化間で多くの影響が生じあうため、互いにまったく異なるわけではありません。しかしまた、各文化の中においても、「この地域のすべての人」が信じていることについて安易に一般化するには、あまりに多くの異なる意見や不合意があります。
　ルークス（Lukes, 2008）は、あらゆる多様な価値観の中でも、すべての社会で重要とされる一貫した原理と正当性があると論じています。すなわち、正義、尊重、団結、正直です。したがってこれらは本書でも中心となる原理になっています。人びとは、尊重と、それに関連する尊厳や屈辱、自信や無力、大切にされているか搾取されているか、騙されているかなどの感情を表現したり経験するしかたや理由においては異なります。しかし、これらの経験は依然としてすべての人にとって重要であり、研究者が参加者に援助を求めるとき、研究者にはこれらの原理を守る義務があります。

不確実性 ── 倫理的研究の基盤

私たちは序論で、研究とは、難しい探索的な疑問を問い、それに答えようとすることであると述べました。そこで研究者は、まさに未だ誰も答えを知らない時点で、介入を検証し、利用者の意見を探索し、新旧の実践を調査しようとするとき、不確実性から出発しなければならないのです。何年も子どもとかかわってきた人は、どのように、一歩退いて、以下の問いを尋ね始めるでしょうか。

- 私の仕事は本当に効果的だろうか？
- 私はより良い方法を用いるべきだろうか、そしていかにしたらどれがより良いとわかるだろうか？
- 私は私自身の確信を疑う勇気を持っているだろうか？
- これらの困難な問いで、私が一緒に活動している子どもや大人を悩ませるのは正しいことだろうか？
- そのことは私の支援の利用者が私に求め、専門家として私自身や仕事に必要な、信頼性にいかに影響するだろうか？
- 確かに専門家であることは答えを知っていることを意味するが、このような問いをしないということを意味するだろうか？（【ボックス1.9】参照）

【ボックス1.9】不確実性のもたらす危険と学び

ある就学前学級の教師（Brooker, 2002）は、英国の都心の学校において、バングラディシュ出身の家族の5歳児が、なぜ白人労働者階級の子どもよりも成績が悪いのかを調査することにしました。彼女は、育児実践、子ども観、仕事や遊びについての信念、ストレスや病気の程度などの家族生活のわずかな差異が、子どもの学校への適応や、学校での初期の成功や失敗に、いかに大きな差異をもたらすかを見出しました。

おそらく最も重要で、疑いなくいっそう難しいことですが、彼女は自分の専門性を批判的に見つめました。彼女は、学校の構造、教師の良い意図、制

度に組み込まれた人種差別主義、それらが一部の子どもたちにいかに不満を抱かせ、失敗のしかたを学ばせるかを確認しました。

　すべての子どもが自分の興味を探究し、彼ら自身の学習を進めるように促すという教師の目標は理論的には許容されているものですが、実際には西欧的です。多くの規則は子どもに教えられず、子どもが学びとり、努力して理解しなければなりません。このことは、乗り越えるべきより多くの境界を持ち、しかも援助を求めることが最も少ない他の文化の子どもと比べ、西洋の家庭や文化の中で生活している子どもにはより容易です。

　この研究は、教師たちに次のように促すことで終了しています。

- 子ども自身の世界の見方、理解のしかた、表し方に注意を払うこと。
- カリキュラムや教授法を決定する力のいくらかを放棄し、両親や子どもに移譲すること。
- 彼らとより平等で、協力的で実り多い関係を作ること。

　このような重要な疑問を問うことは、考え方ばかりでなく感情や価値観も変えることを意味することがあります。専門家が自らの知識や地位に対して、さらに彼らの支援の受け手の持つ意見に対して、新しい態度を作り出していくときには、不安を覚え、傷つきやすくなるかもしれません。研究者は、支援の受け手の観点を考慮した研究と評価によってこそ、「良い実践」とは何かがわかることを認めなければなりません。倫理的研究は、不確実性に関する専門家教育と一般の人々への教育、さらには、不確実性を正直に認める勇気にゆだねられています。

　義務、権利、危害－利益という伝統的な枠組みを研究デザインに適用すると、研究によって提起される倫理的問いがいっそう明確になります。しかし、それでもなお、後続の章で扱うように、さらに重要な、しかししばしば隠れている問いがあります。

問いのまとめ

- 研究は何のためだろうか？

    - 子どもや若者の意見や経験、能力をさらに知るためだろうか？
    - 支援や製品の開発や評価のためだろうか？
    - 他の有用な目的のためだろうか？
- 研究は誰の利益の役に立つために計画されるのだろうか？
- もし研究結果が特定の子どもたちに役立てるものであるなら、それは誰であり、どのように役立つのだろうか？
- 研究はどのような問いに答えようとしているのだろうか？
- なぜ、その問いは研究する価値があるのだろうか？
- 先行研究はその問いに答えているだろうか？
- もしそうなら、なぜその問いは再検討されるのだろうか？
- 選択された方法は、どうして研究の目的に最も適切なのだろうか？

2章　危害と利益の査定

　この章では、社会調査研究における危険と危害、負担と利益を査定する方法を概観します。査定は、2つの理由で重要です。まず計画を立てているとき、この査定は研究者、審査者、資金提供者が、そもそも研究は行う価値があるのか、また危険をより軽減できるのかどうかを決定することを容易にします。そしてそれ以降には、この査定は参加候補者それぞれが、情報に基づく個人的意思決定を行うのに役立ちます。インフォームドコンセントは、危険を引き受ける責任を研究者から参加者に移譲する法的手段であり、危険が説明され、理解される場合にのみ「情報に基づく」同意となります。研究の危険を軽減するために再デザインすることがまだかなり容易にできる時期なので、研究を計画する初期段階で、危害と利益について考えることが有効です。

危　　害

　研究者と審査委員会は、研究プロジェクトの倫理的側面を考慮するとき、過剰研究（over-research）による弊害から子どもを保護することができます。過剰研究とは、あまりに多すぎる子どもが研究に参加させられたり、多すぎる介入、大きすぎる侵入、同じ問いへの幾度もの度重なる再調査などを意味しています。他方で、過少研究（under-research）の問題もあります。これらには、重大な問いを欠いていたり、低予算、短期間、対象とする子どもが少なすぎるなどのため完結できなかったり、十分に報告のできない研究が含まれます。過少研究のとても大きく重要な領域として、まったく評価されたことのない多くの支援があり、そのためにそれらは放置状態で続けられ、役立たないか、むしろ有害かもしれません。たとえば、子ども、特に障害を持つ子どもに対する養育のしかたは、かつて承認されたものであっても、現在ではそれを受ける子どもの目を通してよりいっそう批判的に再評価されています。大人の意見だけを収

集して、おそらくとても異なるであろう子どもの意見を見過ごしている評価もあります。そして、これまでに誰も子どもの意見や経験を組織的に調査していない、多くの重要な領域があります。

「危害」は、しばしば目に見えず、把握しがたく、異なる判断や、研究者や子ども、養育者などの異なる観点、また短期あるいは長期の結果の違いなどのせいで複雑なものです。医療研究は深刻な危害を直ちに人びとに与えることがありえるので、倫理的規制の必要性は明白です。それと対照的に、多くの社会調査研究者は、彼らの研究はおおむね有益で、少なくとも無害だと見なしています。しかし、社会調査研究者は、研究をするとき人びとの生活に侵入し、大きな苦悩や困惑をもたらすことがありえます。その後、書籍や雑誌、報道メディアでなされる研究の報告もまた、誰であるかが知られてしまった個人に大きな、長期にわたる危害を与えるかもしれません。さらにまた、たとえば研究者が実際には効果のない有害な政策を提案したならば、大きな集団にも危害をもたらす可能性があります。

利　　益

多くの社会調査研究は、その報告や提言を通して、若い人びとの状況を改善しようと意図しています。報告はまた、子ども自身の意見や経験についての情報を増やすことに貢献し、世界中の国々のすべての分野の支援において、政策や一般の人びと、あるいは専門家の意見を変えることができます（Percy-Smith & Thomas, 2010）。しかし多くの研究者は、子どもの意見に基づくほとんどの報告が無視され続けていると指摘しています（Willow et al., 2004）。結果を普及させたり実行に移すことに時間と努力を掛けることなく、研究をするだけで現実的な利益がもたらされることはめったにありません（9章と10章を参照）。そこでこの点では、彼ら自身の仕事を査定しているユースワーカーや、支援を公開し続ける運動をしている人びとのような「インサイダー」が、調査研究の終了後に接触を失いがちな「アウトサイダー」よりも有利になる傾向があります。

インタビューをされる人が、熱心に聞いてくれる相手を得て喜ぶことなど、研究の最中の直接的な利益を報告している研究者もいます。しかし、主要目的がデータを収集することであるときには、この直接的な利益は調査研究の目的にはなりません。特にもし彼らの問題に対処するための研究が終わっても何も

変化が起こらなかったとしたら、かかわった人にとって、話すこと自体は利益とは感じがたいでしょう。他に可能性のある利益として、研究者と子どもの参加者の間の友好関係があります。研究はしばしば恵まれない子どもに関するものなので、つかの間の友好関係は本当に役立つものでしょうか？　すでに排斥されたり裏切られたと感じた経験があるかもしれない子どもが、親しくなった研究者がデータとともに立ち去り、それ以後何の接触もしてこないときに、どのように反応するでしょうか？　いったい誰が長期的な利益を得るのでしょうか？

私たちは、研究者が彼らの目的と利益に関して、さらに研究によってもたらされる可能性のある利益にも同様に、正直で公正であることの重要性を示すために、こういった「現実世界」の問題を取り上げました。研究者は、たとえばこうなってほしいという変化について子ども自身が述べるとき、それらが約束されうるものではなく、起こらないかもしれないことを説明すべきです。時間と予算が大変制限されて、継続した接触ができないとき、研究者はそのことを説明する必要があるでしょう。資金が許す場合には、研究チームは、接触を継続するための援助者、たとえば子どもや若者が知っている人と一緒に仕事をすることができるでしょう。デリケートなインタビューをした後で、1週間後にその相手に電話し、さらに話したいかどうか、あるいは誰か援助してくれる他の人と会うのが良いかを聞くようにしている研究者もいます。しかし研究によって傷ついたと感じる人は、このような接触を好まないだろうという危険性もあります。

危険、負担、危害と利益の査定

危害の生ずる研究、または効果がない研究を防ぐために、3つのレベルで危険－利益査定をすることができます。

- 研究者によって
- 倫理委員会、資金提供者の委員会、および科学的な審査委員会と助言者によって
- 参加候補者と彼らの養育者によって

これらすべての集団は、【ボックス2.1】の質問に答えなければなりません。

【ボックス2.1】研究の危険と利益に関して決定するために必要とされる情報

- 研究はどのような問いや問題を扱うのか？
- なぜそれらが重要なのか？
- 研究する問題やそれについての知識の欠如がいかに一般的であり、いかに重大か？
- 方法が試され、または比較される場合 ── それらは新しいものかあるいはまたすでに広く用いられているものか？ それらは受け入れられている方法といかに異なるのか？ どのような代わりの方法があるか？
- 子どもを参加させる必要性を正当化できるか？
- 参加者は実際に何をすることを求められるのか？
- そこでは彼らへのどのような直接的危険がありえるか？（私事への侵入、苦悩や困惑、通常の教育やケアの方法を受けられないこと、新しいあるいは立証されていない方法の危険）
- 危険がどの程度起こり、また重大なものでありうるか？
- 以下のようにすることで危険をいかに削減できるか？ ── 子どもと接触する前に警察に研究者を調べてもらうか？ ／子どもが答えたくないときに「嫌です」と言う言い方を練習するか？ ／子どもに、拒否は尊重され、理由を尋ねられることはないことを確約するか？ ／研究に参加して困ったり動揺したりした子どもは、本人が望むなら、研究が終わった後誰かにそれを話すことができることを保証するか？ なぜ子どもが拒否するのかを穏やかに窺い知ろうとすることが役に立つ可能性がある。研究を退屈で重要でないと見なしているのだろうか？ 子どもによる援助を得ることで研究を改善できるだろうか？
- 子どもは質問したり苦情を言いたいときに、どうやって研究者に連絡できるか？
- 苦情を集約し、その後研究計画を修正できる仕組みはどのようなものか？
- 研究のために参加者のどれほどの時間が必要とされるか？
- 障害のある人の付き添い費用やタクシー料金、あるいは両親の付き添いに伴う経費など、どのような支払い、料金、その他の費用が、研究によって支払われるか？ どのように経費を請求することができ、いつ還付さ

れるか？　人びとは直ちに還付される必要のあることが多い。
- 研究結果はどのように用いられるのか？
- 計画された成果は報告書、映画、製品などの、どれか？
- それらの成果は誰のために計画されるのか？
- それらの成果はどのような効果を持ちうるか？
- 将来、どのような個人や集団が研究結果から利益を得る可能性があるか？おおよそ何人ほどか？　研究参加者はその集団に属しているか？　研究結果は直接または間接的に彼らの利益になる可能性があるか？
- もし研究から期待される「利益」があるならば、それはどのようなものか？

危険－利益査定における混乱

利　　益

　危険－利益分析はしばしば誤解されます。それは時々次のように要約されます。「あなたは研究がもたらす利益と危険を評価します。そしてもし利益が危険よりも大きかったなら、研究は行ってもよいことになります。」しかし以下の理由から、分析はそのように単純ではありません。

- 利益はどのように定義されるのか？　大人の「利益」についての考えは、子どもとは異なるかもしれない。
- 利益や危険の中には、たとえば児童期の問題行動への養育行動プログラムや投薬が後になって引き起こしうる影響のように、彼らに関する支援や研究が終了したずっと後になって初めて知ることができるものがある。
- 短期的には利点であっても、長期の利点ではないかもしれない。
- 関連する要因が数多くあり、なんらかの利益が新しいプログラムの結果であることを示すのは不可能かもしれない。
- 社会的介入による利益は、態度や行動の本来の変化のように、正確に定義したり査定したりすることが難しい場合がある。
- 偶然の関連が利益の原因と誤解されるかもしれない。

危　　険

「危険」とは、**可能性がある**から確実な範囲までの危害や負担、迷惑を含む、あいまいな言葉です。それに比して、「利益」は確実に良いことがあることを意味します。そこで「危険−利益」は含みのある言葉です。「危険と期待される利益」と言う方がいっそう釣り合いのとれた表現であり、すべての研究の根底にある不確実性についてのより正直な表現です。

たとえば、数学教育の方法や、養子養育期間の援助方法の研究などの場合のように、少数の参加者への危険は、将来の多くの若者に対して期待される利益に照らして帳尻を合わせられるかもしれません。しかしここでの危険は、期待される大きな利益を研究者が主張することによって、どのような研究でも正当化できることです。研究者は、研究参加者それぞれに対する危険と利益を考慮しているのか、それとも参加者の危険と期待される後の社会的利益とをおおよそ等価と見なしているのかについて、明確にする必要があります。ヘルシンキ宣言（WMA, 2009）や他の規定は、研究者が最初に考慮すべきことは個々の研究被験者への影響でなければならないと繰り返していますが、ガイダンスによっては個人の危険と、集合的利益の対比について明確にしていません（【ボックス 1.7】と【ボックス 1.8】参照）。

生起可能性

危害はどの程度起こりうるでしょうか？　危険の生起可能性はある程度は計算することができます。あなたが道路を横切るときに車に轢かれる危険は、現在の平均的割合から計算できます。しかしそれは大変漠然とした基準です。どんな人であるかや、道路の状態、怪我のタイプにとても依存しているからです。そこで、あいまいな信念によって、交通事故によって怪我をする割合は「日常的な危険」の程度であると計算されるかもしれないので、人びとは研究においても同じ程度の危険度を「最小限」のものとして受け入れるでしょう。

重大性

危害はどれほど重大なものとなりうるでしょうか？　多くはそれぞれの人の価値観に依存するため、危険の重大性を実際に測定することはできません。ある子どもにとって、彼女の地域の犯罪についてテレビ取材で話すのは問題がな

いかもしれません。他の子どもは、その後何か月もの間、地域の犯罪者につきまとわれ、襲われるかもしれないと恐れるかもしれません。生起可能性と重大性は、非常に異なるにもかかわらず、しばしば同じものであるかのように論じられます。

苦悩あるいは屈辱の危険

　社会調査研究やコンサルテーション活動における危険には苦悩や不安、困惑や自尊心の喪失が含まれます。もし研究者が危険について説明するつもりならば、そして危険が起こる可能性がどれくらいあって、またどのくらい重大でありえるかを説明するのならば、子どもを最も悩ませる危険は何であるかについて、子どもの意見を聞く必要があります。なぜなら、研究者が思いつかない危険があるかもしれません。研究に、グループで参加したいか友達とペアで参加したいかを尋ねるような単純な質問を子どもにする場合ですら、友達がいないと感じている子どもを動転させることになります。「誰と一緒に住んでいますか？」というような、「会話を始める」ための質問でも、家族との死別や別離をしたばかりの子どもには苦悩を与えます。

　社会調査研究やコンサルテーション活動における他の通常の危害である、不都合、時間の損失、私事への侵入や精神的不快などは、些細なことに感じられるかもしれません。しかし、これらは、当事者にはとても重大なことでありえるのです。もし人びとが、モノのように扱われ、騙され、恥をかかされた、また彼らの価値やプライバシーが無視された、彼らの意見が誤って報告されたと感じるならば、彼らは研究によって不当に扱われたと感じる可能性があります。研究倫理は研究者がそのような問題を防ぎ、計画を推進するのに役立つことを目的にしています（Allen, 2005; Danby & Farrell, 2005; Farrell, 2005; Morrow, 2005; Cashmore, 2006）。

【ボックス2.2】インタビューの間の苦悩

　ルース・エヴァンズ（Ruth Evans）（英国、レディング大学）、およびエルスベス・ロブソン（Elsbeth Robson）（アフリカ、マラウィ大学および英国、ブルネ

大学）

　私たちはジンバブエ、タンザニア、そして英国で、エイズ（HIV／AIDS）の家族の介護をしている若者、および、最近孤児になった子どもにインタビューを行った。彼らの行う介護の責任、両親の病気と、両親の死亡についての質問は、ときに涙や感情的な動揺をもたらした。私たちは苦悩の兆候に敏感であろうと努力し、休憩を提案したりインタビューを延期したり終了したりするようにした。私たちは子どもが撮った写真、描いた絵や書き上げたライフストーリーについて話すことが、時に、苦悩に満ちた話題から注意を転換させるのに役立つことに気づいた。個人としておよびグループとしての子どもにとって、感情の共有や、おそらく記憶を語ることによる自信の獲得や安堵感、将来他の若い介護者に役立つであろう研究への貢献など、研究のもたらしうる子どもへの利益と、インタビューによって引き起こされうる危害（情緒的苦悩や涙）とについて、研究者は比較考量する必要がある。研究者は、静かな、個別的にインタビューできる場面を設定し、子どもが研究プロジェクトの他のメンバーから情緒的援助を得たいかどうかをできるだけ見極める必要がある（Evans & Becker, 2009; Robson, 2001）。

　タンザニアと英国における研究はラス・エヴァンズとサウル・ベッカー（共にノッティンガム大学）が率いたもので、ESRC（The Economic & Social Research Council；経済社会研究会議）の補助金を得ました（補助金番号RES-000-221732-A）。エリザベス・ロブソンはジンバブエの研究を統率し、地理学者協会と王立地理学会の補助金を得ました。

　子どもの虐待に関する大変多くの報告の中から、ここに一つの事例を引用します。それは、問題への実践的対処方法を示しながら倫理的問題について詳しく分析しているからです。

【ボックス2.3】児童虐待研究

　ニーロッシュ・ムダリーとクリス・ゴダード（Neerosh Mudaly & Chris

Goddard, 2009)（オーストラリア、モナッシュ大学）

　虐待されていた9人の9〜18歳の若者がインタビューを受けた。さまざまな有用な予防的措置をとる中で、研究者たちは虐待についてインタビューすることに対する賛成と反対の倫理的議論に加え、起こりうる問題を注意深く吟味した。私たちは、セラピーを受けていた若者を選択し、研究期間中もセラピーを提供した。私たちは、虐待について直接尋ねることはせず、どれだけ話すかについての決定を各自に任せたが、一方で苦痛を伴う話を聞くことができない、または聞きたがっていると受け取られないよう注意した。私たちは主要な養育者を加え、「子ども中心」の研究法、カウンセリング技法を用い、インフォームドコンセントを求めた。

　幾人かの子どもは「インタビューによって引き起こされた苦悩」（Amaya-Jackson et al., 2000）を経験したが、彼らが精神的外傷を再び経験することはなかったと私たちは信じている。私たちは報告書で、虐待されている子どもにいつかかわるのが適切か、違うやり方として何ができたのかについて学んだことを述べて結論とした（Mudaly & Goddard, 2006, 2008）。

福　祉

　「ライオンが自らの歴史家を持つまでは、歴史はいつも狩人によって書かれるだろう」（南アフリカのことわざ。Lolichen, 2006 による）。子どもへの危害や虐待の文献では、子どもの「福祉」の権利、すなわち保護と、彼らの参加の権利や聞かれることの必要性とを対置する傾向があります。これは、もし「福祉」が完全に保護と同一視されるならば、むしろ、子どもとともに行う研究に対するさまざまな決定を歪め、研究者（Beale & Hillege, 2004; Skelton, 2008; Powell & Smith, 2009）、研究倫理委員会（RECs）やゲートキーパー（Carroll-Lind et al., 2006）を怖気づかせるでしょう。「参加」の過程と起こりうる結果や利益、さらにまた、抗議し、人の意見を重視し、将来の政策や実践に影響を与え、潜在的に間違いを正し、将来の間違いを防ぐ、などの権利は、確かにすべてが福祉の一部です（Lolichen, 2006）。福祉を参加と対置することは、参加が子どもにとって単に危険なだけで利益がない可能性があるということを意味しかねません。この対置はまた、虐待は子どもが沈黙させられるときに起こり、大人がいつも善良

だとは限らないことの証拠であるにもかかわらず、大人が必ずしも子どもの意見を聞いてそれに導かれることなく、子どもの福祉を確実にすることができることを意味してしまいます。「保護」を「福祉」と入れ替えることは、大人の積極的で、時には好ましくない統制を一部隠すことになります。「保護」「福祉」「参加」「危害」や「利益」などの用語がより正確に用いられるならば、子どもの虐待研究における倫理の検討はより明瞭になるでしょう。

問いのまとめ

- 子どもは研究に対してどのような寄与を求められるだろうか？ 検査され、観察され、記録される活動や反応としてだろうか？
- 危険や負担の可能性があるだろうか？ 時間、迷惑、困惑、プライバシーの侵害、失敗や強制の意識、不安を認めることへの恐れなどがあるだろうか？
- 研究に参加する子どもにとって利益があるだろうか？ 満足感、自信や知識の増大、注意を払ってくれる聞き手と話す時間などだろうか？
- 研究が実行されない場合、危険や負担があるだろうか？
- 研究者は、彼らの研究の予想される利益をいかに促進することができ、危険を防止したり減らすことができるだろうか？
- 研究者は拒否したり離脱したがっている子どもや、苦悩を感じ始めた子どもに、いかに応じるだろうか？
- 研究の方法は、予備的研究の被験者群で検証されているだろうか？

3章　権利の尊重 ── プライバシーと守秘性

　プライバシーは極めて重大な倫理的関心事ですが、大人か子どもかによらず、常に研究で尊重されてきたわけではありませんでした。この章は、以下の点について児童の権利を検討します。

- プライバシー（個人的事情に不当に侵入することを避けること）
- 守秘性（報告するときに彼らの身元や、場合によっては他の詳細についての情報を隠すこと）

　最初の節では法的権利について概説し、守秘義務に関するオーストラリアの訴訟事例を報告します。それからオプトイン（参加選択）とオプトアウト（参加拒否）という接近方法を比較し、プライバシーの尊重に関する詳細なチェックリストを示し、1998年のデータ保護法（Data Protection Act）を参照して、守秘性を尊重する好ましい実践方法を提案します。この章はまた、研究のインタビューの間や、インターネットによる研究において、見知らぬ人同士の親密性によって生ずるプライバシーに関する問いについても考察します。最後の節では、研究における複雑な人間関係や実践の詳細、感情といったことによりいっそうの注意を払うことによって、義務、権利、功利（【ボックス1.7】も参照）が、補完される必要があるかどうかについて問います。

守秘性に関する法的権利

　子どもは、大人とほとんど同等の守秘性に関する権利を持っています。たとえば一定の能力を有すると見なされる有能な子どもは、主治医に対して彼らの事例を他の誰にも知らせないよう要請しそれを期待することができます（Brazier & Cave, 2007: 406-7）。子どもはさらに、英国の家庭裁判所においては、

名前がメディアで公開されないという特別な権利を持っています（刑事裁判では、彼らの匿名の権利は制限されます）。研究においては誰も守秘性の絶対的権利を持っていません。そこで稀な事例では、もし誰かが深刻な脅威的状態にあると思われるならば、守秘性が破られるかもしれません。そのような場合、研究者は最初に，その危険について知っている当該の人（研究参加者）に対して、危険対処の手助けができる大人に話すよう勧めなければなりませんし、さもなければ、研究者がその大人に話すことに同意するよう促さねばなりません。「研究参加者に与えられる守秘性や匿名性の保証は、たとえば子どもの虐待にかかわるなど、守らないという明確で優先される理由がない限り守られねばならない」（英国社会学会：British Sociological Association：BSA, 2002）。BSA倫理ガイドラインはまた次のように述べています。「子どもにかかわる研究は特別な配慮を必要とし…それが適切な場合には専門家の助言と専門的知識を求めるべきである」。しかしそれらをどこに求めるべきかは言及されていません。

　守秘性に関連して、2つの重要な倫理的問いがあります。

- もし守秘性に違反する必要があると思われたら、このことは最初に研究参加者と明確に話し合われるだろうか？
- 参加者は、守秘性の範囲に関して、同意する前に警告されるべきだろうか？

　虐待や他の情報を子どもが話す場合、それは法廷で報告しなければならなかったり、さらにおそらく報告が要求されるので、そういう場合に備えて研究者は守秘性について子どもに約束することはできないとよく言われます。しかし、子どもの守秘性を尊重するオーストラリアの家庭裁判所の決定は、英連邦の50国以上の法律に重要な影響を及ぼしています（【ボックス3.1】）。子どもの保護の観点から守秘性の問題を論じているウィリアムソンほか（Williamson et al., 2005）、および、施設入所支援中の子どもや若者に関する研究におけるプライバシーと守秘性の問題を論じているケンドリックほか（Kendrick et al., 2008）の研究も参照してください。

【ボックス3.1】研究と子どもに対する守秘性の保証
―― 法的異議申し立て

　守秘性が保証されることを明言して行われる子どもにかかわる研究は、召喚令状、すなわち裁判所による証拠、研究データの提供命令から保護されるかもしれません。T対Lの事例（未報告、2011年10月12日）は、両親の離婚に伴う子どもの住む場所と両親との接触に関する決定に子どもが参加することについての研究に関するものです。研究者たちは細心の注意を払って両親と子どもたちにインタビューしました。彼らには、法的手続きがすべて完了したと考えられた場合にのみ、家庭裁判所を介して接触し、しかも、両親においては、すべてのデータの守秘性が尊重され、さらなる法的手続きはとられることなく、召喚令状を求められることもないことを明確に保証した場合にのみ、インタビューしました。しかし、一人の父親T氏は、のちに自分の子どものインタビューの記録とテープの複製を求めて裁判所に召喚令状の発行を申請しました。裁判官コリアーは3つの独立した、それぞれ非常に重要な根拠に基づいて、この申請を却下しました。公共政策、すなわち研究者そして研究参加者に、研究における守秘性が裁判所によって保証されることの確認。先行判例、すなわちT氏が、事前に子どものインタビューは守秘されることに同意していたとの裁定。妥当性、すなわちT氏の側における、データ閲覧を求める、明確で合法的な目的の欠如。
　（この事例は、このケースの研究者であるシドニー大学のパトリック・パーキンソン（Patrick Parkinson）とジュディ・キャシュモア（Judy Cashmore）の寄稿によるものです。）

オプトイン（参加選択）または、オプトアウト（参加拒否）

　オプトインによる研究は、オプトアウトよりもプライバシーをより尊重することができます。オプトインでは、研究者は、しばしば第三者を介して人びとに手紙を送り、研究に参加したいか、より詳細を知りたいか否かについて、電話で返答するか葉書を返信するよう依頼します。接触があって初めて、研究者

は応答した人の詳細を知ることになります。しかし、これでは、研究者が、特定の集団、特に経済的に恵まれない人びとや、社会的に排斥されている人びとなどに接触し、彼らの意見を考慮することがより困難になるといういわば障壁を作る可能性があります。これは研究結果を歪めるだけではなく、自分たちの困難を説明し報告する研究結果を最も必要とする集団に対していっそうの差別につながる可能性があります。

　オプトアウト研究は参加拒否の返信率が高くなることを見越し、参加者の数と範囲を増やすので、より包含的で、現実に即し、民主的でさえありえます。しかし一方で、プライバシーを侵害する可能性があります。誰かが、もしあなたがキャンセルしないなら研究者が電話するという内容の電話や手紙をよこし、その後あなたの家に訪れて、研究に参加すること ―― あなたができないと思うかもしれないこと ―― に同意したくないとはっきり言わない限り、立ち去らないことを想像してみてください。【ボックス3.2】では、これらの問題への一つの解決法を述べます。読者の皆さんも議論したくなるかもしれません。

【ボックス3.2】めったに接触されることのない集団によるオプトインかオプトアウトか？

ルース・マーチャント（Ruth Marchant）（トライアングル指導者）

　後見されている若者宛てにオプトアウト研究への参加記入用紙が送られましたが、彼らのすべてには届きませんでした。オプトアウト用紙を返信しなかった人には、彼らの同意なく研究者が接触しました。しかしオプトイン方法では、研究に参加したくても、求められていたやり方で研究者に連絡をしなかった多くの人を失う可能性があります。たとえ研究者が特別な配慮をして、参加の要請や研究方法を修正し、翻訳者／手話使用者を依頼するなどのことをしたとしても、若者が同意や拒否ができるほど有能でないことを心配した両親／養育者は、若者が研究に参加することに興味を持たないと報告するかもしれませんし、また同じくソーシャルワーカーは感覚や学習、言語の困難な人びとに情報を伝えることすらもしないかもしれません。

　以前のプロジェクトでは10％の参加しか得られませんでしたが、私たちはいつも、子どもや家族の98％の参加を達成しています。募集方法によっては、

> 彼らの意見を聴取したいにもかかわらず未だにそれが得られていない、募集しにくい集団を差別してしまいます。30家族を研究するために、私たちは社会福祉事務所に、およそ90件の名前と住所を尋ねます。その後社会福祉事務所は家族に、反対を申し出なければ、彼らの詳細を研究チームに送るという内容の手紙を送ります。それから私たちは30名を選びますが、社会福祉事務所はどの30名が選ばれたかは知りません。私たちは両親の反対の申し出がなければ、親あるいは子どもが家庭にいるとき、研究者が電話をかけるという内容の手紙と情報を入れた封書を送ります。その後、上級研究者が両親に電話をかけます。彼らは、伝統的に「接触困難な」家族であるにもかかわらず、めったに拒否することはありません。
>
> 　子どもが感情、権利、安全、個人的ケア、性的なことがらについて伝える時に役立つイメージ語彙に関しては、以下のサイトを参照してください。
> http://www.howitis.org.uk

実践的な尊重

　この節では、読者が考察できるように、さまざまな方法と問題のなかで生ずる尊重について検討します。たとえば事例記録、縦断研究や他のデータのアーカイブズなど、記録された人びとが直接的に働きかけられるのではない場合、データがどのように用いられ解釈されるのか、特に二次的研究ではどうなるのか、気がかりではないでしょうか？　記録された人びとは連絡を受け、同意を求められるべきではないでしょうか？

　質問紙法では、人びとを怒らせたり動揺させるかもしれない質問をすることはどの程度まで正当でしょうか？　質問紙や高度に構造化されたインタビューでは次のような話題、質問、応答の選択肢を排除していないでしょうか？　すなわち、参加者の立場で不可欠だと考えるようなもの、あるいは彼らの一見して非論理的な答えや行動を意味づけるのに役立つようなものです。たとえば一部の若者は、学校に行かない論理的な理由を挙げるかもしれません。

　質問や働きかけは、幼い子どもを過小評価することなく、それぞれの年齢集団を尊重しているでしょうか？

　テープ録音、ビデオ、写真、描画、地図、日誌は、守秘性に関する特段の問

いを引き起こします。誰がオリジナルの著作権と所有権を持つべきでしょうか、そして子どもの原著作者性が認められるべきでしょうか、あるいは彼らの名前は秘密にしておかれるべきでしょうか？【ボックス7.3】も参照）

インタビューは高度に構造化された質疑応答から非公式な会話にまで及びます。グループ議論やグループの他の活動の場合も同様ですが、参加者を窮屈にするようなやり方で、研究者があまりに多くの統制を及ぼしていないでしょうか？　子どもは言いたいこととは多少違ったことを言わせられていると感じていないでしょうか？　半構造化された活動では、人びとは自分の言うことについて自身でより統制し選択することができるようです。しかし、これはまた、よりいっそう自己開示する活動でもありえるため、誤解されたり誤って報告される可能性も大きいと言えます。

ここで、プライバシーと守秘性の尊重についての注意点があります。

- 人びとはどのようにしてなぜ選ばれたのだろうか？　もし彼らの名前が「危険状態にある人」などの秘密のリストに載っているなら、研究者はそのリストを見ないことを請け合えるだろうか？　そのリストを見る権限を持つ専門家だけが名前を選択し、その人びとに連絡するべきである。人びとが合意したなら、その後研究者に情報が知らされるが、人びとは彼らの名前の入手方法や、なぜ彼らが選ばれたかを告げられるだろうか？
- 誰もが、話を録音されるか、あるいは望むなら、その代わりに筆記記録されるか、について選択できるだろうか？
- 現在のデータ保護法（下記参照）の下で、データ、すなわち筆記記録、音声またはビデオテープはどのように保存されるだろうか？　インタビューは静かな、プライバシーの守られる場所で行われるか（これは、家庭や学校ではしばしば設定が難しい）、そしてインタビューを受ける人は、誰か他の人が同室することを望むか否かについて決めることができるだろうか？
- 参加者は、彼らが話したことはすべて秘密（個人的なことがらとして）を保たれ、個人が特定されない場合にのみ引用されることを告げられただろうか？
- 参加者はこのように秘密にされることを望むだろうか？　彼らはむしろ名前を示され自分であると知られたいのではないだろうか？　もしそうならば、何が最良の対応だろうか？
- もし彼らが自分自身や他者への危害という重大な危険を口にする場合には、守秘性が制限されることについて警告されるだろうか？

- グループ議論を用いる研究において、グループの人びとや、話題にされた人の守秘性はどのように尊重されるのだろうか？　これはある程度、問われる問題に依存している。すなわち、グループ議論は、個人的な情報の開示に関してはインタビューほど有用ではないが、たとえば地域の近隣に関して共有された見方を導き出すためには、かなり役立てることができる。「チャタムハウス・ルール（Chatham House rules）」は、幼い子どもにも明確に説明することができる。このルールはこうである。「グループ会議の後で、あなたは他の人に私たちが言ったことを話してもよいが、それを発言した人の名前や、話題になったどのような人の名前も言わないでください。」
- もしも研究チーム以外の人びとが研究活動に関する詳細を与えられる場合、参加者は、名前を告げられた他の人に知らされることを知り、それに同意しているだろうか？
- 誰が研究記録、書き起こし、筆記記録、テープやフィルムを見るのだろうか？　子どもの写真を用いることに関して、さらにそれが利用される前に子どもと両親に同意を求めることに関して、今日ではいっそうの慎重さが求められる。
- たとえば研究者への子どもの応答について、研究者が教師や心理学者、ソーシャルワーカーに知らせるような場合には、研究参加者は他の人に宛てられた関連する手紙のコピーを得ることができるだろうか？
- 報告はプライバシーを保護するためにどのように公表されるのだろうか（名前その他の詳細の変更など）？
- 公の報告書に載せる写真やビデオなどのデータ使用に関して、特に個々の人に同意を求めるだろうか？
- 研究参加者は、彼らのコメントを報告書から削除することを求めたり、公正さと正確さをチェックするなどの、何らかの編集上の管理を行えるだろうか？
- 参加者は、何らかの追跡研究や、データをアーカイブする等、データの二次的利用に同意を求められるだろうか？　たとえば経済社会研究会議（The Economic and Social Research Council：ESRC）は、他の研究者の利用を可能にするために、すべての研究に、データをアーカイブ化することを求めている。このことに関する追加的な同意は、いつ人びとに求めるのが最も良いだろうか？　インタビュー前には、複雑な要求によって参加者を困惑させることは避けるにしても、研究の後で要請することが果たして十分に

良いことだろうか？ あるいはもっと後になって、彼らが何を言ったか、またデータが使われてもよいか否かについていっそう理解したときに要請するのがより良いのだろうか？（アーカイブすることへの同意については8章参照。）

プライバシーの権利

プライバシーはとても複雑な権利です。一方の極は、研究から子どもを排除してしまうことによって、子どもを守ることができるとするものですが、そうすることには多くの問題があり、子どもに沈黙させてしまうため、子どもに害となっているかもしれない政策や実践に対して研究報告を通して影響を与えるという子どもの望みを絶ってしまいます。このことは、研究の過程および結果すべてにわたって、子どもの自律性を認めることを否定します。他方の極では、プライバシーは、干渉されることなく自己決定するという、17世紀に起源を持つ大人の最高の自律の権利になります。

倫理は尊重、権利、平等を強調しますが、それに対して子どもに対する多くの支援では、尊重よりも保護が強調されます。権利の意味は、初期の、自律性、不干渉、プライバシーの尊重から、教育や健康管理などの資源を**提供**される権利や**危害からの保護**の権利を含むように拡張されました。しかし、提供や保護は「権利」の意味を、元の不干渉という考えから、子どもの利益への積極的な干渉へと拡大します。保護は重要ですが、過剰な保護は子どもを、彼ら自身の権利を持つ能動的な道徳的主体としてではなく、受動的な配慮の対象として扱われるように導く可能性があります。このことは、子どもが研究者に利用されたり虐待されかねないという、より大きな危険に子どもをさらしうるでしょう。1998年のデータ保護法で詳細に記述されているように、明示的な権利は、対立する領域を明確にするために役立ち、参加者と研究者の関係を調整することができます。

1998年データ保護法

ある程度大きな研究機関には、データ保護に関して助言し、この法律のもと

で研究を登録する職員がいます。小規模な機関の研究プロジェクトに取り組んでいる人びとも、この法律の詳細を確認し彼らのプロジェクトを登録する必要があります。これは以下の項目の詳細すべてを保存することを意味します。

- データを保存する目的。
- データの出所。
- データが開示される個人や機関。
- 保存するデータの種類。
- 民族的出自などの特別に注意を要するデータを保存しているか否か。
- データを国外に移送するつもりがあるか否か(【ボックス3.3】参照)。

【ボックス3.3】1998年データ保護法の重要点

- 個人的データとは、その個人を特定するために用いられうる、人(データ主体)に関するすべてのデータを言う。
- データは公正かつ合法的に得られ、処理されねばならない。
- データを提供する個人は、なぜそのように依頼されるのかについて十分自覚できるよう配慮されなければならない。
- データは特定の同意された目的のためにのみ保存され、使用されなければならない。
- データはデータが収集されたときに参加者に名前を告げた個人や機関以外の誰にも公開されてはならない。
- データは、それが保存されている目的に妥当で関連性があるべきであり、必要以上のものであってはならない。
- もしデータに計画的な用途がないならば、それは保管されるべきではない。
- データは正確で最新に保たれねばならない。
- 個人的データは必要以上に長く保存されてはならない。もはや用途がない場合には、データは消去されるべきである。

個人は、紙媒体による記録も含めて、自らに関して保存されているどのよ

うなデータも閲覧を許されなければなりません（1998年情報公開法のもとにおいて）。写真複写も含めて、個人に関して保存されているすべての書類の印刷出力は40日以内になされなくてはなりません。もし機関が従わない場合、罰金を科されます。このことは、提供されたデータがまったく匿名的な統計のかたちで公表され、個人を特定化するのに役立つどのようなデータも開示されていない研究記録には適用されません。もし何らかの種類の個人を識別可能な情報が公表されるならば、データはもはや匿名ではないため、データの主体はアクセスの権利を持ちます。（規模の小さい質的研究においては、匿名であったとしてもかなり容易に特定されるかもしれません。関係する人びとがそれらを確かめたくなった場合に備え、十分に注意深く、丁寧に記録を保存しておくことが賢明です。）

守秘性に関する好ましい実践

- 権限を持たない人が、コンピュータや紙媒体の記録データを閲覧できないことを確実にするために合理的な方法を採る。もし個人のデータが画面に表示されているなら、わずかな時間であっても、席を立って部屋を離れる前にログアウトする。
- 研究プロジェクトの間に、多少異なったデータの収集が必要であったり、異なる人びとにデータを開示する必要があるなら、登録記録を修正しなければならない。
- 人種／民族的出自、政治的見解、宗教的信条、肉体的および精神的健康、性的指向性や習慣、刑事上の有罪判決のような、この法律の下で機密扱いとするよう定められた個人データには特別な注意を払う。そして参加者は自分に関する他の詳細についても極めて注意が必要だと見なしているかもしれないことを銘記する。
- データの主体になぜ機密扱いのデータを使用するのかを説明し、主体が同意した場合にのみ、保存する。
- すべての個人的データはデータの主体の権利と自由を適切に保護するよう扱われなければならない。
- 氏名や住所、他の特定可能な詳細を含む手紙や他の文書とともにワープロ文書を保存する場合には、それらを登録しなければならない。（すべてのコンピュータや他の記録を匿名にし、これらを個人的な詳細の記録とは別に保存することがより好ましい。）

家庭でのプライバシーの権利に対する尊重

両親／養育者は、自宅での若者のインタビューに参加したいかもしれません。家族の「客」として、インタビュアーは、ありのままのインタビューのためだからといってプライバシーを保てる場所をたやすく要求することはできませんし、子どもの保護という理由で子どもの寝室というプライバシーを用いることもできません。一部の子どもは、少なくとも最初の段階では、両親が同席してインタビューを受けることを好むかもしれません。そして、家族による選択や彼らとのやりとりが非常に有効な洞察を与えることもあります。子どもが完全な応答をするように手助けする両親もいます。しかし、子どもを妨げ、いらいらさせる両親もいるかもしれません。そのような場合、研究者は賢く、異なる設定で再インタビューを試みなくてはならないかもしれません。

マジョリティ世界の国における子どもとともに行う研究
—— プライバシーと守秘性

ビーズリーらは、「社会階層と文化的慣習のため、大人の影響を退けて子どもについて研究することが困難になることがある」（Beazley, 2009: 364）と指摘しています。そうしたマジョリティ社会では、必ずしもマイノリティ社会と同じように、子どもと大人が分離した空間に居住しているわけではありません。

【ボックス3.4】エチオピアにおける「プライバシー」

タティク・アベベ（Abebe, 2009: 457）は、エチオピアの地方および都市における自身のフィールドワークで、インタビューのための場所を見出すことの難しさについて述べています。

… 一つには適切な場所を見出すのが難しいことがわかったためであり、また一つには、子どもを家庭内で劣った社会的地位にあるものと見なす、児童期に関する地域の考え方のためである。多くの場合、たとえ私が子どもと正式なインタビューを行っている最中であっても、大人、

> 両親や他の子どもが構うことなくやってきて参加する。エチオピアに生まれ育ったものとしては、私たちに「プライバシー」を与えるよう人びとに求めることは、特に家族が共有する物理的空間が非常に狭いため、反文化的であると同時に、この状況を取り扱う不適切なやり方であると感じた。また、研究者はしばしば、家族の「従属的」メンバーではなく「長」に向けて話すので、子どもに焦点化すること自体が、大人の権威や力を脅かすものと見なされる危険を冒すことになっているかもしれない。子どもが、一人の個人としてよりもより広い家族集団のメンバーとして見られているとき、…子どもはどのような「プライベートな意見」を持つだろうか？

　こういう事例はどのような国でも起こる可能性があります。たとえば英国では、「個人的な」研究グループ活動や、インタビューが行われている部屋の中に教師がしばしば入ってきます。研究者が丁寧に立ち去るよう求めるまで、そこに留まり、聞いていることに問題を感じない教師もいます。家庭では、両親が聞きたがったり、あるいは同室することが礼儀に適うと考えたりするかもしれませんし、または他に座る部屋がないかもしれません。研究者は、両親がそこにいるときには、彼らを無視すればたいていの国の通常の礼儀に反するので、インタビューの間中、子どもにだけ集中しづらいと感じることがあります。彼らは、失礼にあたらないように、両親を見て、うなずき、微笑んだりする自分に気づくことになります。

　プライバシーは時間と関連します。最初か2回目のインタビューでは、大人は子どもを見知らぬ人とだけにさせず、自分が傍にいるべきだと考えるかもしれません。長期にわたる研究では、よく知っている研究者と子どもだけにするのがもっと容易に感じられる可能性があります。暖かい気候の時期には、研究者は、半プライバシー空間として、庭や遊び場を使用することができるかもしれません。

守秘性か承認か？

　時折、子どもは彼らが提供する研究データや、彼らの意見や経験、彼らの描

画や地図を認められたいと思います。しかしもし子どもの名前を記せば、特定されるでしょう。そしてもし一人の子どもが特定されると、その子のグループや学校にいる他の、特定されたくない人もまた特定されてしまう可能性があります。この問題は、無理のない公平な解決法によって合意されるように、議論する必要があります。研究で使う仮名を子どもが自分で選ぶ方法もあります。未熟児に関するある研究では、両親の許可を得て、赤ちゃんの洗礼名を用いました。しかし残念なことに、一人の母親は、自分の息子にガーナ人の名前の代わりに英語の研究名をつけてほしかった、「なぜなら、そうでなければ彼の話がまじめに受け取られないだろうから」と言いました。

　ある研究で、若者が本名で発表されることを望んだとき、その研究者は仮名を使うことの理由と、それは特に機密扱いのデータの場合に通常推奨されるということを説明しました。若者は、そのときは自分の名前が用いられることを望んだとしても、将来においては、名前が公表されたことを愉快に思わないかもしれず、その彼らの気持ちを変えることもできないかもしれません。その研究者は、若者が好むようにできないことを謝罪し、彼らに仮名を選択するよう頼みました。研究者はまた、もし誰かが研究に参加していたことを人びとに話し、研究結果のニュースレターを共有したいと思うならば、それはもちろん差し支えなく、彼ら次第であることを話しました。

見知らぬ者同士の親しさ ── 研究におけるインタビュー

　倫理は研究のすべての段階に浸透しています。たとえば、インタビューにおいては、個人的で時には内密であったり苦悩に満ちた詳細を得るために、迅速に相互尊重、信頼、ラポートを形成することが目的となります。そこには事務的な関係と親しい関係の間の不可思議な均衡があります。そのためにインタビュアーは、共感的技法を用います。

- 静かで、心地よい、プライバシーが保てる場所で、近すぎも遠すぎもせず、目の位置が同じくなるように座る。
- 筆記記録やテープ録音をする許可を求める。
- もし子どもが望むなら、録音した彼らの声を聞かせる。
- 明確に、かなりゆっくり、大きすぎない声で、彼らを励ます。

- 関心があることを、目で伝え、声にする。
- インタビュイーを肯定するために、彼らが言ったことの要点を繰り返すことによって穏やかに振り返る。
- 後に続く質問をすることでインタビュイーの主導に従う。
- 話し続けることが心地よいかどうかについて、言語および身体言語によってチェックする。

　アイ・コンタクトを保つことがしばしば勧められます。しかしこれは侵入的で威圧する可能性があります。後で私たちは、研究者が子どもの隣に座り、2人で表現に富む工作に専念した、非常にデリケートなインタビューについて説明しましょう。それは子どもの、コミュニケーションする能力や、インタビューの速度と内容を統制する能力を増大させました（Winter, 2009）。

　子どもたちによっては、インタビューを受けることに同意しても、インタビューの間中、全然乗り気でなかったり、退屈そうだったり、恥ずかしがったり、きまり悪がったりすることがあります。穏やかな励ましによって打ち解ける子もいます。もし彼らが打ち解けないならば、研究者はさらに次の話題を試みることができます。もしこれでも事態が改善しないなら、しばらく話し、それからインタビューを前向きに終了し、インタビューが成功しなかったことを示唆することなく、感謝するとよいでしょう。

　録音テープや書き起こしのコピーを欲しがる子どももいますが、提供する前に、彼らがどれほど秘密にし続けられるかを考える必要があります。その子どもは家族について、その本人が書き起こしを見つけたら、気に障るかもしれないことを話したかもしれません。

　友達の間の話し合いのように椅子を円形に並べてグループインタビューを準備することもできます。そのときには、「どうぞさえぎらないようにしてください」、「それぞれの人が言うことを聞いてください」、「テープレコーダーに録音するので、はっきり話してください」などの簡単な依頼をします。子どもが自由に休憩したり、ちょっと休止したり、「そのことについては話したくありません」、または「すぐ中止しましょう」などと言ったり、気兼ねなくふるまえるようにするべきです。多くの研究者は、子どもはペアかグループでいるといっそう心地よく、しばしばどのようなかたちで参加したいかを選びたがることに気づいています。

　これらの相互作用は、研究者の熟練した技を必要とするうえに、データを提

供する参加者と、データを統制する研究者との間に不均衡があるとはいえ、研究者にとっては、偽りのないものだと感じることができます。しかし、大人は子どもに対して権威を持つため、インタビューの間のラポートは複雑になります。「中止したいと思ったらいつでも私に言ってください」という保証さえあれば、インタビュイーが止めたいと言うのを妨げるかもしれない強力な影響力は打ち消されたかのように思われがちです。

　熟練した研究者は、子どもがなかなか表出できないでいる彼らの不本意に敏感なものです。たとえば人々はいじめや、障害、HIV／AIDSの家庭での生活について質問されることで苦悩することがあります。たとえばペットについて、もし犬が死んだばかりで、彼らがまだそれについて話す用意ができていないならば、このような簡単な話題でさえ話すのは非常につらいかもしれません。子どもは最初から、どの段階でも離脱してよいこと、自由にインタビューをやめたりある質問に答えないでよいことを保証されなければならず、このことはインタビューの前に練習しておくことができます。研究者は、苦悩や不本意の兆候に注意深くなければなりません。交通信号型の記号を使うと、子どもが、中止したり離脱したい場合（赤い円盤を掲げる）、休止したい場合（黄色の円盤）、あるいは継続したい場合（緑の円盤）を示すのに役立ちます。研究のすべての段階にわたって、できる限り公正に彼らの意見を収集し、理解し、提示する努力をすることによって、若い参加者たちは偽りなく尊重されるのです。

倫理とインターネット

　新しい技術は人々に、世界中にわたる非常に密接な相互作用をもたらします。倫理ガイドラインが注意を呼びかけていますが（British Sociological Association: BSA, 2002）、インターネットを介して研究するとき、研究者は特別な注意を払うべきです。インターネットを用いた研究に対する倫理基準はまだ十分に開発されておらず、インフォームドコンセントを誘導すること、アクセスの承諾について交渉すること、公私の境界について評価すること、データ伝送の安全を確実にすることなどの、すべてが問題となります。オンラインで研究する人びとは、インターネット研究の倫理に関して現在進行中の議論についての知識を確実に持つようにすること、オンライン研究の参加者の福祉とプライバシーを注意深く尊重することが求められます。この変化の速い領域では、オ

ンラインによるコンサルテーションもまた、このような問題を引き起こします。

　インターネットを用いる研究者は、以下のような場合に、プライバシーと守秘性に関するさらに別の問題に出会うことがあります。

- 研究者が、インターネットを用いる未知の人に研究への参加を要請するために接触するとき。
- 研究者が参加者の応答をオンラインで公表するとき。
- 研究者が開放型あるいは閉鎖型の電子メーリングリストやチャットルームを主催するとき。
- 研究者がたとえばBeboやFacebookなどの参加者のオンラインのメッセージを研究し、プライバシーに無頓着に見える若者を見つけたとき（【ボックス3.7】）。
- メンバーが閉鎖型のリストの守秘を冒し、一部を発表するという危険にさらされるとき。
- 部外者が閉鎖型リストを閲覧したりハッキングするという危険にさらされるとき。
- メンバーが、選考された若者の参加者グループに属していないにもかかわらず、虚偽の詳細を伝えたり、成人の窃視者が、選考されたグループのプライバシーと安全を脅かすという危険にさらされるとき。

　一部の研究チームは、以下の事例が示すように、これらの困難な問題に精力的に取り組み、若者自身の意見を尊重し公表する努力とともに、オンライン研究における守秘性、プライバシー、尊重や安全を増大させるよう努力しています。

自傷経験のある若者に関するオンライン研究における安全とプライバシー

　心理的な問題を持つ若者は、特に自傷について話すときに、彼らへの話し方に信頼がおけない保健の専門家に援助を求めることをしばしば嫌がります。シャープトーク研究（Sharp Talk Study）は、匿名のオンラインによる接触が、いかに若者と専門家が互いにコミュニケーションをして学びあうことを促進できるかについて調査しました。試験的にオンライン討論フォーラムを立ち上げ、自傷経験のある若者（16〜25歳）と、資格を得て間もないメンタルヘ

ルスの専門家（資格取得後5年以内）を募集しました。この極めて挑戦的なプロジェクトの倫理的承認を得るのに、9か月を費やしました（【ボックス3.5】参照）。研究者の安全もまた重要なので、彼らは、子どもの保護、倫理、医療の法律に関する専門家の独立委員会による援助を受けました。この事例は、危険性のある研究が研究倫理委員会（REC）の承認を得る方法に関して有用な考えを提供しています。

【ボックス3.5】オンライン研究における安全

シャープトーク（SharpTalk）：保健の専門家と自傷経験のある若者のための試験的オンライン・フォーラム

クリスタベル・オーウェンズ博士（Dr Christabel Owens）（研究代表者）、シヴォーン・シャーキー博士（Dr Siobhan Sharkey）（英国、エクセター、デボンパートナーシップNHSトラスト＆ペニンスラ大学医学部）

- 匿名性：虚偽のオンライン・アイデンティティの作成、特に年齢の詐称は容易である。そこで研究倫理委員会（REC）は、私たちが参加者の本当の年齢性別等を確認すべきだと考えた。しかしそれは、オンライン・フォーラムの重要な特性であり、若者がインターネットを介して助言と援助を求める主要な理由の一つである、匿名性を排除することになる。私たちは、匿名であれば、参加者はより安全だと感じると信じていたので、彼らにユーザー名、電子メールアドレス、人口統計学的細目のいくつかだけを提供するよう依頼した。電子メールアドレスは安全に保存し、一人の研究者のみが閲覧するようにした。サイトはロックされ、メンバーだけが開くことができるものの、参加者には、個人が特定可能な情報や写真を投稿しないように強く忠告した。
- 同意：同意書を印刷し、署名し、郵送すること（研究倫理委員会の推奨する選択肢）は、同じく匿名性の喪失を意味する。私たちはオンラインで同意を得たが、参加者が参加するか否かを考える十分な時間を保証し、先に進むうえで彼らに多少の責任を求めるために、二段階の手順を用い、それぞれの段階の間に2週間の間をあけた。
- 安全で援助的なコミュニティの創出：参加者は基本的規則を守ることが

求められ、訓練された調停者のチームが毎日（午前2時まで）サイトを監視して規則遵守を点検した。基本的な「ネチケット」（たとえば貶めや攻撃的な投稿、宣伝をしないこと）のほかに、自傷のしかたに関する情報を共有したり、方法の図解をしないなど、自傷に関する特別な規則を設けた。また、「きっかけとなる」（すなわち、誰かを自傷したい気持ちにさせる）可能性があるような投稿をそのように分類することについてのガイダンスや、自傷したい気持ちになったときに、その代わりにすべきこと（気を紛らわしたり、怒りを制御する技術など）の助言、援助サイトへのリンクも設けた。専用の「緊急事態室」は、参加者が特定の問題に関して援助を求め、困難なときに互いに支えることのできる空間を提供した。

- 不介入：これは中でも最も議論のあった問題である。もし参加者がオンラインでこれから自殺すると示唆したとしても、私たちはいかなる救急部門にも警告することができない。私たちには緊急事態にある参加者の所在を追跡する実現可能な方法がなく、さらに、たとえその人の居場所がわかったとしても、介入できるという保証はないのである。その代わりに、私たちは、「個人的メッセージ交換」設備を使用して、助けを求めるよう説得し、適切な機関に接触するための詳細を提供することなどを含めて、チームのメンバーが緊急事態に対応するための明確な危機管理手順書を作成した。助言を提供するため、臨床医が終始待機した。

地域の価値観を尊重すること

　次の事例は、他者に非難されたり、誤解されかねないやり方で意見を表明する若者に関するものです。「移住についてコミュニケーションする子どもたち」（Children in Communication about Migration: CHICAM ）は、欧州連合が第5次計画により、英国、スウェーデン、オランダ、ドイツ、イタリー、ギリシャに資金提供したプロジェクトです（2002 〜 2005年）。これら6か国の7つのメディア制作クラブに属する子どもが、彼らを公にする最初の段階として、彼らの生活についてビデオを制作し、このプロジェクトのインターネット上ですべてのクラブと共有しました。いくつかの倫理的問いの一つに、国際政治的安全がありました。

- 子どもたちが、このプロジェクトのインターネット・プラットフォームに彼らのビデオが投稿されることに同意したとしても、彼らは自分や家族の国際的な政治と安全上の立場に関するより大きな問題を査定できていただろうか？
- このような危険がある中で、画像をモザイク化するなどの方法に頼らず、研究者はいかに匿名性を維持できただろうか？　モザイク化は子どもを犯罪者であるかのように見せ、特に難民や亡命保護を求める子どもたちには不適切である。
- いくつかのビデオが非常に個人的であって、より広い範囲の視聴者よりも家族や友達に向けたものとしてより適切であるときに、この子どもたちは彼らのビデオの視聴者をどのように理解しているのだろうか？
- 新しい通信技術の世界で、子どもと研究者は公私の境界をどのように査定するのだろうか？

【ボックス3.6】国家を越える研究とインターネットにおける文化的価値

リースベス・デ・ブロック（Liesbeth de Block）（英国、ロンドン大学教育研究所）http://www.chicam.org

　CHICAMプロジェクトの間、オランダのクラブは、聖ニコラスが子どもへのプレゼントを持ってスペインから到着したという話を描いたビデオを制作した。この話は、12月の伝統的な国家的祭事としてクリスマス以上に祝われている。クラブの移民の子どもたちは、彼らの学校やオランダ出身の友達の生活にとっては重要な一部を成しているが、彼らにとっては新奇なこの物語を熱心に調べたがった。研究者はこれは役立つであろうと同意した。残念なことに、この物語には、聖ニコラスの馬を引く奴隷の黒人少年の描写があった。その奴隷役に選ばれた少年は演ずることを拒否した。グループの幾人かと研究者は、より「楽しい」だろうという理由から、代わりに盗人役になるよう説得した。研究者はまた、より「平等」にする試みとして、すべての登場人物が黒人のお面を付けることにした。あいにく、手に入った唯一のお面は古風なミンストレル（訳注：19世紀米国で始まった、顔を黒く塗った白人が演じた黒人風刺劇）風のものであった。

英国のクラブの研究者と子どもたちがこのビデオを見たとき、その人種差別主義に驚き、インターネットや公的サイトに載せることを望まなかった。しかし、ビデオ制作をした子どもたちにとっては、仲間関係や、新しい国での文化的理解を発達させるうえで、これは意義深いものであり、研究プロジェクトにおける重要テーマだった。とはいえ、このビデオをプロジェクトの公開ウェブサイトに載せるのは適切であっただろうか？（de Block & Buckingham, 2007）

【ボックス3.7】ソーシャル・ネットワーキング・サイトの研究におけるプライバシーと尊重の複雑な問題

レベッカ・ウィレット（Rebekah Willet）（英国、ロンドン大学教育研究所）

　私たちは、ソーシャル・ネットワーキング・サイトにおける若者の相互作用と自己呈示について研究した。14～16歳の生徒とのグループインタビューの後、彼らの許可を得て、私たちは彼らのBeboサイトを訪れ、その後個別に彼らにインタビューした。私たちは彼らの個人サイトは閲覧せず、公開サイトだけを見た。しかしそれらですら、親や教師が閲覧することを意図したものでないことは明らかで、若者は私たちに、もし大人がそれを見たら奇妙だと思うだろうと話した。内容の理解は文脈の知識に依存するためインタビュイーの「友人」のサイトや、友人の投稿したコメントのすべてを閲覧する許可がない状態では、相互作用の意味を理解するのは困難であった。ダニエラは、オンラインで「あばずれ」と名乗り、「ハイ、あたしはダニエラ、で、あたしは上乗りが大好き。ちょうどアンタのママみたいにね！　5ポンドであそこ吸ったげるよ:)」と書き込んでいた。何も知らない（大人）なら、ダニエラが売春していると受け取り、そう結論づけるかもしれない。しかし、彼女は私たちに、それを投稿した少女と冗談を言い合っているのだと説明した。ダニエラは彼女の友達のサイトに「ただで乳首を吸ったげるよ、だけどうまく頼まなきゃダメ」と投稿して仕返しをした。ダニエラは「彼女が冗談を言っているだけだとわかってるから、気にしませんでした」と私たちに言った。「だって私は、同じときに彼女に電話してたから。それで彼女は、ハ、ハ、アンタのBeboに書いたことを見てごらん、みたいに言って、…それで私は、

ダメ、アンタのBeboを見て、みたいに … 始まるとどんどん悪くなっていくのよね。」彼女らは最後にスマイルマークの絵文字を付けて、他の人も見られるように自分たちの冗談をそのまま残した。他者が彼女らのコメントを意図したとおりに読むと信じているか否かを尋ねると、多くのインタビュイーは、彼女らの友達だけがサイトを読むし、冗談を言っていることはわかると指摘した（Willett, 2009a, 2009b）。

研究者がオンラインの文書や画像を閲覧するとき、また同意や守秘性についての研究倫理のみならず、オンラインで行われていることを理解するために必要なデータの範囲と深さを考慮するときには、やりがいのある課題に直面しているのです。

オンライン・コンサルテーションの長所と短所についてのまとめ

長所
- 子どもや若者はしばしばこのコミュニケーションの方法を楽しみ、それが彼らの生活や興味にとって意味があると考えている。
- このアプローチは子どもの意見や優先事項に関する率直な情報をもたらすことができる。
- 他の方法を補足したり、計画段階で出発点となる意見を収集するなど、他のコンサルテーションの方法とともに適切に機能する。
- 子どもや若者の意見への広範で安上がりな接近方法を提供してくれる。
- 学校を介しての研究のように恵まれない境遇の子どもが含まれるとき、社会的不平等を減らすことに役立つ可能性がある。

短所
- オンライン・コンサルテーションは必ずしも子どもや若者の代表的グループを提供するものではなく、同一人が異なる名前で複数の回答をするかもしれない。
- 多くの子どもや若者がコンピュータを利用できない。
- コメントしている子どもの特性について何かを判断することは大変困難である（偽装した大人であるかもしれない）。

- 学校を介してアクセスするならば、子どもの反応は教師に影響されるかもしれない。
- 先に詳述したプライバシーと信憑性のある参加という特別な問題が起こる可能性がある。

対面の接触におけるプライバシーと自由な応答の促進

　研究者は、子どもの応答への彼らの影響を減らすために保護的プライバシーを行使することができるでしょうか？　人びとの意見は、常に部分的に時間と場所、彼らの知っていること、考えていること、そのときどのように感じたかなどと同様に、彼らが研究者や質問についてどのように感じたかにも影響されます。これらの「自然に生じる」文脈は別にしても、子どもの反応への過度な影響を避けるために、研究者はいかに子どものプライバシーや主体性に援助的であり、かつそれを尊重することができるでしょうか？

【ボックス3.8】子どもへの影響を減らす

　エスター・コーレン（Esther Coren）とジェミーラ・ハッチフィールド（Jemeela Hutchfield）（英国、カンタベリー・クライスト・チャーチ大学）

　性的虐待後の治療を受けている子どもに関するこの質的研究では、「活動記録帳」に記入してもらうことで、介入についての子どもの意見を収集した。私たちの目的は、研究が参加者を傷つけてはならないということ、さらに、結果が支援を受けている子どもの将来の利益にならなければならないということであった。子どもに他の専門家を紹介しなくてもよいように、子どもがすでに知っているセラピストが、研究について説明した。研究はセラピー活動以外の時間に行われた。子どもには、研究はセラピーとは完全に区別されるものだということ、そして研究への参加はセラピーに影響しないことを説明した。導入と説明において、ラミネート加工された素材（活動記録帳）の見本を用いた。

　セラピーと実践家が評価の対象であったため、子どもが、セラピストから

の暗黙あるいは明確な圧力を感じることなく、治療経験をありのままに顧みることが楽にできるようにするには、どのようにすべきだろうか？　私たちは、子どもが望む場合を除いて、完成させた活動記録帳をセラピストに見せなくてもよいと決めた。セラピストは子どもの活動記録帳を見ないように、そしてラミネート加工された見本を用いることによってのみ子どもの質問に答えるように助言された。子どもは自分の記録帳を家で、あるいは必要ならばプロジェクトの静かな部屋で完成させた。両親／養育者には手助けしないよう依頼した（Coren et al., 2010; Hutchfield & Coren, 2011）。

　次の章でも視覚的素材を用いることの利点について概説しますが、これらは子どもが特定されてしまう可能性があります。画像は研究に創造的表現という新しい自由をもたらす可能性がある一方、参加者が特定されるという危険を増大させる可能性もあります。そこで【ボックス3.9】では、子どもが写真を用いたときにその子どもを保護する方法を提案します。

【ボックス3.9】写真と薬物使用

　リーアン・オハラ（Leeanne O'Hara）（北アイルランド、ベルファスト、クィーンズ大学児童養育研究所）

　北アイルランドでの、13から17歳の若者のエスノグラフィー研究では、薬物使用と反社会的行動に関する近隣および社会的文脈、余暇の文脈の影響が調べられた。薬物使用を阻止するために強力に、時には暴力的に活動している幾分保守的な地元の集団に関しては、若者のプライバシーと匿名性の保護がいっそう不可欠だった。参加者に供与された各カメラには、参加者の研究番号以外、特定できるものは付けないようにした。参加者の情報シートにはカメラ使用のガイドラインが含まれていた。若者は、自分を含めて誰の顔も映さないようにし、匿名性を守るように依頼された。もし誰かの顔が写る場合は、写真に顔が写ること、そして、研究のために用いられることについて、完全な言語的同意を得ることが要請されなければならない。

伝統的な倫理は現代の研究経験や人間関係を扱えるか？

【ボックス1.7】では、伝統的倫理学における義務、権利、功利または危害と利益について概説しました。これらによれば研究は非人間的な取り組み方になりがちで、感情を考慮せず、研究はうまく計画し管理される限りにおいて順調に遂行されるものと見なします。実践においては、特に子どもや他の傷つきやすい集団の敏感なテーマを扱う研究では、研究プロジェクト全体を通して、多くの問題や葛藤が持ち上がります。社会調査研究の倫理が複雑な詳細をまじめに概説するならば、人間関係、権力と感情について、いっそう多くの説明をしなければなりません（【ボックス3.10】および【ボックス3.11】）。

【ボックス3.10】研究の人間関係と権力

- 研究者の持つ技術、すなわち子どもから聞くこと、話すこと、そして知識や決定を子どもと共有するという技術は、研究者がパートナーとしての子どもと仕事をし、彼らから学ぶやり方に、どのように影響するだろうか？
- これらの技術は、研究者が介入や彼ら自身の研究を評価し、基準を高めようとするやり方にどのように影響するだろうか？
- 研究者は、大人と子ども、研究者と実践家、支援提供者と支援利用者の間の力の差異をどのように考慮しようとするだろうか？
- 研究者はどのように権力の誤用を避け、子どもの権利と利益を尊重しようとするだろうか？
- 研究者は、子ども自身の最善の利益に関する子どもの意見をどのように知るだろうか？

【ボックス3.11】感　情

- 研究者は、研究への期待、過失への恐れと不安、時間や資源の不足に対

> する心配、そしてストレス、不確実性や失敗に対する心配など、彼ら自身の感情をどのように自覚しようとするだろうか？
> - 研究者は、これらの感情からどのように学び、対処しようとするだろうか？
> - 研究者は、子どもや大人の苦悩や怒りにどのように応ずるだろうか？
> - 研究者は、彼らの研究の好ましい側面をどのように自賛するだろうか？

　研究における感情の役割が議論されており、研究者は次第にこれをよく考えるようになってきています（一般的事例は Hallowell et al., 2005 を、南アフリカの感情と HIV／AIDS の研究については Ansell & Van Blerk, 2005 を、ジンバブエの子どもとともに行う研究についての議論は Parsons, 2005 と Robson, 2001 を参照）。感情は新しい洞察をもたらすでしょうか、それとも、判断を曇らせるでしょうか？　感情は研究者を過剰に関与させることになるのでしょうか？　研究者が個人的差異を尊重し、探究している限りにおいて、研究者が参加者へ感情的に共鳴することには利点があります。

　ストレスのかかる注意を要するテーマにおいては、おそらく研究チームが研究者のために援助し、研究者にデブリーフィングをすることが倫理的に要請されるでしょう。研究者の合意のもとで、これは第一に研究者個人を援助すること、そして第二に感情を通して得られた洞察によって研究過程や結果について情報を与えることという両面で、価値のある資源になりえるでしょう。

　【ボックス3.10】や【ボックス3.11】で論じたように、内向きに感情に関して実践を見るばかりではなく、倫理的研究はまた、より大きな政治的かかわりへと、外へも視点を向けます。それについては次章で考察します。

問いのまとめ

- 子どもたちの名前はどのようにして得られ、彼らはその出所について知らされるだろうか？
- 子どもと両親は（ボランティアをしたければ葉書を返信するなどによって）研究に参加することを選ぶオプトイン（参加選択）ができるだろうか？　オプトアウト（参加拒否）方法（研究者の訪問を断るためには電話をするよう求

めるなど）は侵入的になりうる。
- 約束を思い出すようにリマインダーを送ることは理に適っているだろうか、あるいはそれは強制的になりうるだろうか？
- 個人との対面での研究は、静かな個人的な場所で行われるだろうか？
- オンライン研究ではどのようにしたらプライバシーと守秘性を最も尊重できるだろうか？
- 子どもが望むように、両親が在席するか、または退席することができるだろうか？
- 稀な事例として、誰かが危険であると考えられる場合などのように、もし研究者が子どもの秘密を報告しなければならないと考えるなら、研究者はそれを最初に子どもと話し合おうとするだろうか？
- 研究者は、このようなことが起こるかもしれないと、すべての子どもに警告するだろうか？
- 子どもを特定できる情報を隠すために、記録や報告では個人の名前が変更されるだろうか？
- もし子どもが報告で自分の名が使われることを望むとき、研究者は何をすべきだろうか？
- 研究記録、ノート、テープ、フィルムやビデオは施錠可能な保存場所に保管されるだろうか？
- 誰がこれらの記録を利用でき、子どもを特定できるだろうか？　氏名の代わりに郵便番号を使うことは匿名性を保護しない。
- インタビューからの重要な抜粋を報告で引用するとき、研究者は引用とコメントを、最初にその子どもあるいは関係する親とともに照合すべきだろうか？
- もし回答者が報告書を変更したいと望むならば、研究者は何をすべきだろうか？
- 研究者が単独で子どもたちと時間を過ごすときには、前もって、研究者の犯罪歴が調べられるだろうか？
- 研究の記録は、市場調査者や医療研究者に求められるように、研究が完了したときには破棄されるべきだろうか？
- 同一の子どもに再度接触し、他のプロジェクトへの参加を依頼することは許容されるだろうか？

4章　研究を計画する —— 選択と参加

　研究をする標本あるいは集団を選択することが、プロジェクトの最初の課題の一つです。もし研究倫理、方法、テーマ、研究結果のすべてが互いに補強しあい、矛盾することがなければ、子どもを含めようとする新しい活動はうまく機能します。この章では異なる枠組みと選択基準について、その長所と短所を概説します。伝統的倫理では、あたかもすべての人が平等であるかのように、自由主義の立場をとる傾向があります。しかしそれでは、政治、経済、社会的排除と不平等、そしてそれらが引き起こす倫理的問題を回避することになりかねません。世界中から寄せられた、子どもとともに行う社会調査研究の事例は、研究倫理が正義に関していかにより広い見解をとることができるかを示しています。

研究のテーマの枠組みを決めることと研究の範囲

　それぞれの研究は、特定の問いとテーマに焦点化して確かな結論に到達するために、多くの論点を排除しなければなりません。研究領域をどのくらい広くとるかを決定することはカメラレンズの位置を決めて、何がフレームの内に入り何が外れるかを決めることに似ています。社会調査研究は、参加者にとって何が周辺的か、あるいは中心的かを決定するために、フレームの内外の広い文脈を多少とも考慮に入れなければなりません。明確な分割線などはないのです。

　たとえば、学校の無断欠席者に関する研究では、単純に欠席日数を記録するかもしれません。しかし、無断欠席を理解することは、無断欠席者の意見や動機、そして学校内外での彼らの経験について調査することを意味します。このことは、学校による違い、家庭の収入、民族性、健康、地域の雇用機会などの要因の間の違いを説明するために、学校の方針と予算の違いを検討することに

つながるかもしれません。【ボックス4.1】は、若者に聞くことが、いかに排除に関する研究に不可欠な知見をもたらすかを示しています。

【ボックス4.1】もう一つの排除

　公式に学校から排除される学生の17パーセントが女子であるにもかかわらず、彼女らは無視されがちである。女子生徒は、先生が二重基準を設定し、男子を救うためにはより多く介入するのに対して、女子の間の巧妙ないじめや女子の抑制された鬱を見逃していると感じている。特に、彼女らが家庭では介護者であったり、妊娠していたり、子どもがいたり、エスコート斡旋業や売春業者のもとで働くよう圧力を受けているとき、女子への救助はしばしばうまく調整されていない。女子の多くは身を引き、「自己排除」するため、非公式で記録されない排除は、男子よりも女子で起こりやすい。致命的なやり方で、女子はさらに見えなくされ、気づかれず、排除されたままにしておかれるという、もう一つの問題を被っている（Osler et al., 2002）。

　この種のより広い、より包含的な研究では、いっそう明確な分析を生み出すことができます。問題が完全に個々の子どもや両親の中に存在すると仮定するよりも、より広い文脈で考慮するほうが、より公平で倫理的である可能性があります。研究の枠組みの広さ、あるいは狭さは、方法のみならず倫理や正義にも関連します。

排除基準の長所と短所 ── 子どもととともに行う研究は最後か？

　子どもは研究から最も排除されてきた集団です。医療倫理ガイドラインでは、多くの点で当然ですが、「大人で常にうまく行われる研究であっても、子どもで行ってはならない」（The Royal College of Paediatrics & Child Health: RCPCH, 1992 ／ 2000: 177）とされています。大部分の女性もまた、妊娠しているかもしれないために、医療研究からしばしば排除されます。しかし、その結果として、薬は主に16〜60歳の男性で検査され、子どもや女性が必要とする投薬量や、彼らに起こりうる副作用についてはほとんど知られていません。この医学領域

の例は、教育、遊び、社会的、および奉仕などの支援といった、他の領域における似たような問題を例示しています。子どもを関係させるのはあまりにも危険だと考えられるという理由で、研究が欠如したために、子どもの独特で価値のある意見が知られていないならば、最良の機会と支援を彼らに提供し、有害な支援を改善するのを保証するのは難しいでしょう。

　子どもを研究から排除することには、重要な保護的理由があります。

- 大人はより多くの経験をしているので、それが、研究における危険を自らに警告することを可能にする。
- 大人はより多くの自信と自主性を持つので、もし彼らが望めば拒否や離脱をすることが可能である。
- 大人はより多くの精神的回復力を持ち、研究によって傷つけられることが少ないかもしれない。
- 研究者は大人の拒否や離脱の希望をより真剣にとらえがちである。

しかしながら、子どもが脆弱であるという想定を強調するのではなく、本書では、子どもや若者と一緒に彼らのために、倫理的により危険の少ない研究をいかに計画し、促進していくのかに関心があります。

　研究者は第一言語が違っていたり、学習や話し言葉に困難のある子どもを、保護のためと称してしばしば排除します。そういう研究はおそらく、不完全で誤解を招く結果をもたらすでしょう。それとは逆に倫理的な取り組み方では、研究のすべての過程をできるだけ包含的にします。このような方法をとることによって、さまざまな子どもたちを包含することが可能で、それはとてもうまく機能するという結論を補強するものとなる可能性があります。(【ボックス4.2】、および9章の「障害と多様性グループプロジェクト」参照。)

【ボックス4.2】機会均等

　「スコットランドの子ども（Children in Scotland）」グループは、すべての子どもが能力、人種、民族性、性別、健康、宗教、性的指向性や社会階級によらず、平等に価値があるという信念のもとで、機会均等の実現のため努力しています。これらの原則は、利用可能な資源の範囲内で、研究デザインと実施にも

適用されなければなりません。

　包含的な実践を促進するために、「スコットランドの子ども」は、以下のようにすると述べています。

- 研究の開始前に、可能な限り、研究の目的、デザイン、主要概念を定めることに参加するよう、関係者（子どもたちやマイノリティ集団を含む）を招く。
- 研究の提案書では、排除的な言葉の使用を避ける。
- 資源の限界の範囲内で、能力や読み書き能力に左右されずに、資格のある人がすべて等しく参加できることを保証するために、特定の技術を適合させ、採用する。
- 提案あるいは実施される研究において、偏見や固定観念を見逃したり、永続させることのないようにする。

ガイダンスには、参加者の募集に際して多様性を認識し、非排除的方法を用いることが加えられています。http://www.childreninscotland.org.uk

　複数の問題を抱えた家族のように、一部の不利な条件の集団には、もしも多くの研究で参加を依頼されるなら、過度にかかわることになる危険があります。あるいは、彼らは最も考慮されることがなく、研究の計画に最もかかわったことがない人びとであるかもしれません。これは研究の利益と負担が公平に分担されることを保証するために、倫理委員会審査（6章）が支援することができるもう一つの領域です。それは、どの集団も過度に研究されることがなく、そして、可能な場合には、研究を手伝った人びとは、良い薬や教育方法のような役立つ結果によって利益を得ることができる、ということを意味します。

尊重、包含と保護を結びつける

　倫理は、好ましくない両極端の間の均衡点を見つけることにかかわっています。本書の1995年の初版に貢献した匿名の研究者は、社会福祉事業に参加した若者と仕事をしたとき、地方自治体や介護者を通じて、敬意に満ちたオプトイン方式の取り組み方を試みました。しかし、よく起こるように、これは若者

を排除することになりかねないことがわかりました。

　私はこれらの倫理ガイドラインが、若者と、信頼できる研究者の接触を妨げるために用いられるかもしれないことを危惧しています。私たちの研究では、若者が参加したい場合、手紙に署名し、それを私たちに返送しなければなりませんでした。若者の一部は、たとえば私たちが訪れたときに、彼ら全員が水泳に連れ出されるなどによって、意図的に参加できなくされたように見えました。後見されている人びとにとって、彼らの意見を安全に表明することは大変難しいことです。ある青年はぜひとも参加したいため、3回の討論の機会に、3マイルも歩いて来るほどでした。若者たちは何度も繰り返して、グループで話すチャンスを得たことに感謝していると述べました。彼らは国中で、そのようなグループがもっと設定されるよう求めました。私は、倫理ガイドラインが、若者が私たちに話さなければいけないことを前にして門戸を閉ざすほど厳格に用いられることを心から危惧しています。それは進歩に逆行するものです。

研究を計画し、検討し、査定するときに問われるべき適切な問いには、以下のようなものが含まれます。

（1）なぜ研究に子どもや若者が含まれるのか明確だろうか？
（2）もし彼らに関する研究から彼らが排除されるなら、なぜそうなのか明確だろうか？　そして彼らについて大人によって議論され報告されることに、彼らは同意を求められたのか否か明確だろうか？
（3）子どもたちが望んだら、研究実施時に両親や養育者が子どもと同席するよう奨励されただろうか？　幼児は見知らぬ人と置き去りにされるほうが、研究の介入よりもいっそう怯える可能性がある。
（4）もし子どもが養育者が在席しないよう望んだり、在席によって子どもが脅かされているようであれば、子どもが自主的な意見を表現するのを助けるために、子どもと単独で話すなどの努力がなされただろうか？

伝統的な倫理は社会的排除を扱えるか？

伝統的倫理は、社会が公平かつ平等で、すべての社会集団に貢献するようう

まく機能しているものと見なす傾向があります。より批判的な見解では、異なる集団が互いに権力と資源をめぐって争っていることを認めます。もし社会調査研究倫理が不平等と排除を真剣に見直さなければならないとしたら、伝統的な義務と功利という見方を超えて、不平等で不公正な社会構造を考慮しなければなりません。次の節では、言語の障壁を乗り越える方法について解説します。

イメージとシンボル

　視覚的イメージは、尊重、包含、保護を結合する方法を提供します（Emmison & Smith, 2000）。第一言語が研究者の用いる言語ではない幼児や、話し言葉や言語に困難のある子どもは、研究者の質問に答えることが困難だと思われるかもしれません。彼らの発話や文章が限られていたり、あるいは沈黙しているのは、彼らが意見をほとんど持たない証拠だと見なされるかもしれません。図画工作、写真と結びつけた方法は、彼らの反応を引き出し、研究への熱心な参加を可能にします。パワーポイントのスライドは、文字通り強力な出力点（power points）となることができ、そこでは幼児は、彼らの考えを力強く伝える短い説明を巧みに選んで写真や描画を覆い、それは、たぶんいやいや苦労して詳細な応答を書き綴ることから彼らを解放するでしょう。

　図画工作、イメージとシンボルを利用している次の事例は、北アイルランドの後見されている幼児（【ボックス4.3】）と、ユタのラテンアメリカ系の若者の例です（【ボックス4.4】）。

> インタビューは、人として子どもを尊重し、彼らの説明を真剣に信じる倫理に基づいていた。工作に集中している間、並んで座るという私たちの方法は、子どもたちに以下のようなことを可能にした。彼らの意見を、視覚的に、そして言葉とともにシンボルで表現すること／彼らが質問を逸らしたいときや、答える用意ができるまでの間をとりたいとき、「糊を取ってください」などと言うことで、インタビューの進度と内容を調整すること／彼らが侵入的または支配的と感じるかもしれないアイ・コンタクトを避けること。私にとっては、子どもの先導に従って、休止したり待つこと、ショックを受けたときなどに私の反応を隠しておくことは、むしろ容易であった。（Winter, 2009, 2010）

【ボックス4.3】後見される子どもの権利の尊重

カレン・ウィンター（Karen Winter）（北アイルランド、ベルファスト、クィーンズ大学）

　子どもが放棄や虐待によって死亡した後の公式の調査では、通常、誰も当の子どもの話を聞いていなかったことがわかります。私の研究は、子どものケアについて大人がより情報に基づく決定をすることができるよう、幼児が彼らの意見を表現することを促進する方法を開発しました。私は子どもたちに、靴箱を工作の素材で装飾するよう依頼しました。外側は彼らがどのような人であるかを示し、内側は彼らの望みや感情を表しています。インタビューから多くのことがわかりました。「クリスタル」（5歳児）の箱の外側は元気がよく、自信があるように見えました。

　　C　：それは、私が幸せで、親切で、友達に会いに行くのが好きだって
　　　　　言ってる。
　　　　　［その後、箱の内側は悲しいものだった］
　　C　：死んだ私の赤ちゃん　これは赤ちゃんの目と歯と　ちっちゃい帽子
　　　　　と髪の毛…
　　KW：あなたはお母さんにはなんて言うの？
　　C　：がみがみ言うの止めて、だってその子どもはやろうとしてて、でも
　　　　　ママがいないと寂しいから。

　彼女の合意を得て、私はクリスタルを悲嘆カウンセリングに差し向けました。

　コナー（7歳児）もまた悲しみの中にありましたが、私は彼の、自分の話を聞いてほしいが、しかしさらなる支援に差し向けられるのは望まないという願いを尊重しました。

　　C　：僕の願いは、うーん、えー、人を幸せにして…このカードの上に、
　　　　　えー、「悲しい」って言葉を書いてほしい、それを箱の底に糊でくっ

つけるんだ、誰もそれが見えないように・・・もう一つよくない感じがしてて、それは、えー、なんて言うんだっけ「み」（短いポーズ）みじめ（miserable）。僕のためにカードにそう書いてもらえますか？（長い休止。その間彼はセロテープとキャンデーの棒で柵を作っている）・・・僕の気持ちの周りに柵を置いた。だって誰にも見られたくないから。

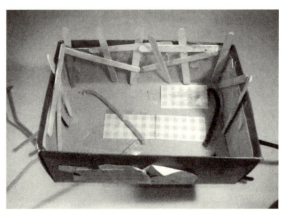

【ボックス4.4】ほとばしるコミック ── 多国籍コミュニティへの参加における守秘性とプライバシー

A.クロティルド・ウーチョン（A. Clotilde Houchon）、博士論文提出志願者と若いコミック研究者たち（2008-2009）（米国、ユタ）

　私はコミック作家の若者たちと協力して、彼らとコミュニケーションし、移民としての彼らの新しい生活や社会的関係に関した活動をする機会を作りました。たとえば、「ハーフィズ」は、彼のコミックによる探究で、彼が「すべての人」、彼の両親、教師、幾人かの友達との間で経験していた葛藤に焦点を当てました。「学校の最初の四半期ではすべてF（不可）だったよ・・・［私の両親は］英語を話せないんだ。」そして「彼らは教師は常に正しいと思ってる。」「エル・レイ」は「違ってる、ラティーノで褐色」とみられることにひどく狼狽していました。

> 　えーと、僕が学校に行ってたとき、僕が何を欲しいのか、必要なのかって話は何もなかったんだ。僕はスペイン系だから、彼らは自動的に僕をESL（English as a Second Language、英語を第二言語とするクラス）に入れたんだ。くそ、彼らは僕が英語がぺらぺらだって知りさえしなかった。彼ら［学校カウンセラー］は僕が決して大学に行けないと告げたんだ。僕は底辺ってわけさ。ネズミに食べられるゴミのかすさ。でも僕は描くことができた。コミックを描くと、誰もこいつはESLだなんて考えなかった。［コミックを］描くことはこの世界から抜け出る方法なんだ。コミックでは言葉なんて重要じゃないからね。
>
> 　これらの若者はすべて、強い力に直面する中で、言葉や文化を横断する視点や見通しを調整することによって、彼らのマルチモードのコミック・ナラティヴという、視覚的記号を通じて自由に話すことができました。彼らは地域的および世界的な社会的文脈を分析し、協同して重要な研究にかかわり、新しい超現実主義的なリテラシーの実践を通して、国家を越えた社会的関係に適応し、かつそれを変容させました。「コミックス・インクワイアリ」は超現実主義に基礎を置くイメージに基づく方法論で、通常の意義という普通の状態を剥ぎ取り、成長しつつ可能な生活を作り上げながら、若者がかつても、そして同時に現在もいるという存在の複雑さを解きほぐすために用いられる、構成された空間でした。www.houchon.com/index.html

包含を超えて参加へ ── 研究者としての子どもと若者

参加型研究とは何か？

　本質的に「参加型研究方法」というものはなく、「それはいかに方法が用いられるか」（Beazley & Ennew, 2006: 192）に依存しています。「参加型」とは、「その生活を研究される人びとが、リサーチクエスチョンの決定に関与し、データの収集と分析の両方において積極的な役割を果たさなければならない」（Beazley & Ennew, 2006: 191）ということを意味しています。実際には、通常は研究者が、

主要なリサーチクエスチョンを設定するので、純粋に「参加型」の研究はごくわずかしかありません。参加型地域評価（Participatory rural appraisal: PRA）は、20年以上前に、国際開発研究の中で、非識字地域のコミュニティに対して視覚的技術を用いるやり方として開発されました。PRAは、「権力を持たず彼らの意見が求められることがめったにない人びとの生活や意見に関して情報を収集する」（Beazley & Ennew, 2006: 192）ことに役立ちました。参加型研究は純粋に「問題を理解し、挑戦するために、それに直面している人びとによってなされ」、行動と変化を導きます（Ennew & Plateau, 2004）。

参加型アプローチにおける倫理的問いは、以下のような理由によって起こります。

- しばしば、脆弱で無力な集団が関係させられている。力のある集団も同じく参加しないのならば、「研究結果が貧しく無力な人びとの生活を変換する実践的な政策を開発するために用いられる可能性はなさそうである」（Beazley & Ennew, 2006: 193）。そしてさらなる抑圧がもたらされる。
- 時折、同じ集団が繰り返し意見を問われるが、変化はほとんど起こらないので、研究者の約束によって期待が膨らみ、幻滅を感じるかもしれない。

子どもは次第に研究者として関与するようになってきました。不平等と包含に関する関心が、研究者や他の人びとを、参加型アプローチと技術を開発するために、特に（そのためだけではありませんが）恵まれない子どもや若者とともに研究することに導いたのです。多くの報告書やハンドブックが、仲間研究プロジェクトを記録しています（たとえば、Smith et al., 2004; Christensen & James, 2008; Lolichen, 2007; Robson et al., 2009; そして仲間研究者による、ケアの終了後に後見されている若者の研究については、NLCAS, www.leavingcare.org.uk）。

【ボックス4.5】開始から終了まで子どもの研究者によって組織された研究

7人の9〜10歳の英国の子どもが、10週にわたる学校での研究クラブ活動に10回、毎週参加しました。彼らは、どのように研究するのかを学び、それから彼らのテーマを選び、彼ら自身の研究を実施しました。彼らの報告には、リサーチクエスチョン、方法、結果、考察、そして結論が述べられています。

> 結論は「もし私たちがもう一度このプロジェクトを行えるなら、私たちは…」という節で締めくくられています。たとえば、報告の一つは、次のように始まります。
>
>> 私たちは、いかに両親の仕事が子どもに影響を与えるのかに興味を持って、そして、いかに子どもが両親の働く時間や、彼らが家に持ち込む気分の種類、たとえばとても疲れていたり怒って帰宅する、あるいは幸せで元気よく帰宅するなどに影響されるかについて疑問を持った。このことは、家族の関係の質にどのように影響するだろうか？ 私たちはまた、どのくらい多くの両親が働き、どのくらいの時間なのかについても疑問を持った。私たちは、このことを、大人ではなく子どもの観点から調べたいと思った。私たちの決めたリサーチクエスチョンは以下のようであった。「子どもはいかに両親の仕事の性質に影響されるか？」私たちは、両親の働く時間がもっと短く、もっと学校の行事のときに子どもを見に来られることを、たいていの子どもが望んでいるだろうと予想した。私たちが見出したことは、私たちを驚かせた。
>
> この報告は、子どもの研究者がどれほど大いに有能になりうるかを示しています（Kellett et al., 2004）。

　ケニアでは、エイズ（HIV／AIDS）の子どもが、彼ら自身や仲間への支援についての研究に加わり、計画から、実行、監視、評価に至るまで従事しました。国連児童の権利条約（The United Nations Convention on the Rights of the Child: UNCRC）の原則に従ったこの倫理的な参加型手法は、支援をいっそう効果的にすることに役立ちました。このプロジェクトの研究者は、子どもは、プロジェクトの手順や目的に関する情報は別にして、ほとんど訓練する必要がなかったと報告しています。主要な訓練は、大人に対してであって、彼らが子どもへの誤解や不信を克服すること、さらに子どもともっと半等に仕事することを学ぶのを手助けすることだったと、研究者は話しています（van Beers, 2002）。
　しかしながら、特に訓練された有給の研究者が訓練されていない無給の人と一緒に仕事をするときには、参加型アプローチには他の研究と同じような挑戦と問題があります。研究者を訓練し援助するために時間と配慮が必要です。参

加する子どもと若者の間には、彼らと大人の間と同様に、力、年齢、能力、民族性、性別などの不平等があるでしょう。参加型研究でかつ解放を目指す研究は、プロジェクト全体を通して周到に計画され、運営されない限り、めったに実践的な結果を達成できません（Davis & Hogan, 2003b）。アントネッラ・インヴェルニッツィとジェーン・ウィリアムの本『子どもと市民権（*Children and Citizenship*）』（Invernizzi & William, 2008）の中で、マンフレッド・リーベルとトム・クックバーンたちは、研究への参加の問題と革新的なプロジェクトについて詳しく論じています。

　子どもと若者は、彼ら自身、不平等によく気づいています。地域の若者の新しい討論の場があるかどうかを論じている少女たちがそのことを示しています（Morrow, 2001）。

> ジェンマ　　：それがあるかどうか、誰も知らないわ。
> タミーシャ　：私はそれがあるべきだと思うけど…
> ミランダ（さえぎって）
> 　　　　　　：でも、彼らは学校やすべてで一番の子たちを選ぶでしょ。そして、そういう子って平均的な人じゃないのよね？

　恵まれない集団の人びととの研究をしている間、彼らは「社会的に排除された」とか「貧困」などの汚名を着せられる言葉で記述されることを嫌がりました。そして、彼ら自身の観点からは、彼らは「接触しがたい」わけではありません（Curtis et al., 2004; Sime, 2008）。参加型プロジェクトの間、何らかのかたちで子どもを搾取する危険が増大するので、個人にも集団にも、非倫理的な圧力がかかるのを避けるための配慮が必要となります。上に述べた報告書には、若者と彼らの言葉で一緒に研究することについて、そして問題を防ぎ、うまく対処することに役立つよう若い助言グループを用いることについて、多くの実践的意見が含まれています。

　また、子どもや大人に、研究はそれ自体では変化をもたらさないことに気づいてもらうことも不可欠です。子どもや若者は、彼らの研究やコンサルテーションの結果として何が変化するかを知りたがります。もし何も達成されないならば、彼らが力を入れれば入れるだけ、落胆も大きく、幻滅する可能性があります。

　質の高い報告であっても、権限を持つ当局は単に無視するだけかもしれませ

ん。あるいは、研究は、そのプロジェクトが計画され推進された当初の根拠を支持するに足る、十分に強力な証拠を提供しないかもしれません。たとえ一部の人がデータによって納得させられたとしても、批評家はそうではないかもしれません。もし政策決定者や実践家が結果を学び、それを受容し、ひょっとしてそれを実施することになれば、通常は研究の完了後長い間にわたって、さらに多くの追加の研究が必要となります（Melville & Urquhart, 2002；および9，10章参照）。そのときまでに、若者は年をとり、何らかの効果が彼らに恩恵を与える前に、彼らは移動してしまうかもしれません。

若者とともになされた国際連合関連の研究

　若者によって達成された国際的な影響の一つの例は、仲間主導研究と、子どもと若者による国際的提言です。

　英国の児童の権利連盟（Children's Rights Alliance for England: CRAE）における政策広報局長であるサム・ディモックは、彼らの国連関連の研究について説明しています。英国政府（2007）は、英国における国連児童の権利条約（UNCRC）の履行の進展に関する定期報告書を、ジュネーブの国連児童の権利委員会に送りました。「ジュネーブに備えよ（Get Ready for Geneva）」は、英国の児童の権利連盟（CRAE, 2008a）の3か年プロジェクトで、その間、18歳未満の子どもや若者が国連委員会のための彼ら自身の報告書を作成し、公共政策に変化をもたらすための彼らの提言を行いました。

【ボックス4.6】国内および国際的な提言

　15人の調査者（10〜16歳）が、社会調査研究の倫理とインタビュー、フォーカスグループ、調査方法それぞれに関して訓練を受けました。彼らは研究のテーマとリサーチクエスチョンを設定すること、オンラインの国内調査を開発すること、恵まれない子どもたち（保護観察中あるいは犯罪の危険のある者、若い難民や亡命希望者、障害を持つ子ども、若い放浪者、後見されている子ども、貧困生活の子ども、を含む）にフォーカスグループを実施することなどを手助けしてもらいました。英国の児童の権利連盟（CRAE）のスタッフは各グルー

プに関する簡単な説明書類を書き、若い調査者が使用する探索的質問のアイデアを書き出しました。

　6か月以上にわたるデータ収集に1,708人の子どもと若者が関与しました。1362人が、教育、尊重、自由と市民権、家族と友人、犯罪、健康、安全と遊びに関するオンライン調査に回答しました。また、学校への参加の権利、若者への年齢差別の影響、結社の自由、家族生活の質、犯罪被害者になること、学校における健康な食物、子どもが十分な自由時間を持っているかどうか、についてのオンライン討論も持たれました。調査者は国中の346人の仲間と48のフォーカスグループを運営し、3,000ページ以上の書き起こし記録を作成しました。

　フォーカスグループのビデオと、参加者と若い調査者の両方に対するフォローアップの評価書類は、調査者の技術や学習を追跡し、CRAEの実践を継続的に改善し、開発するために役立ちました。

　若い調査者たちは2つの報告書を書くことを決めました。完全な分析と結果からなるより長い研究報告書は、「備えよ」チームによって書かれ、子どもたちが入力しました（CRAE, 2008b）。基本的訓練の後に、30人の子どもがオンライン調査データを分析し、彼らの中の14人が、より短い報告書と提言を書きました（CRAE, 2008a）。それを彼らは2008年6月、直接、国連委員会に提出しました。

　子ども主導の、児童の権利についての調査の影響は広範囲に及びました。国連委員会は、子どもの見出した結果の多くを、そして子どもの14の提言すべてをその「英国に関する最終考察（Concluding Observations on the UK）」に反映させました（CRAE, 2008d, 2009; UN, 2008; およびUNICEFのウェブサイト参照）。「備えよ」プロジェクトの子どもはその後、彼らの調査や提言の技能を、児童の人権に関する別個のキャンペーンや、さらなる研究の開発に用いました。英国政府もまた、子どもの仲間だけではなく、一連の会議や会合を通して、政府の大臣や重要な官庁職員にも子どもたちの調査結果を広め、論じることで彼らを支持しました。国際的水準では、CRAE報告書のすべての側面でそれほど多くの子どもや若者が関与したことは、国連委員会が人権監視メカニズムにいかに子どもをかかわらせるかを真剣に考えることを促しました。そしてCRAEの若者と国連委員会との会話は継続しました。

> **【ボックス4.7】合意された倫理基準**
>
> 若者とともに活動するCRAEの人権研究の中核は、CRAE（2007）の「研究倫理声明（Research Ethics Statement）」です。明言された基準には以下のものが含まれます。
>
> - すべての研究方法は参加者の必要と能力に適合していなければならず、データ収集の前に試験的に試みられねばならない。
> - 特定状況で特定集団に助言するのは適切ではないことがある。
> - 「仲間主導」研究は、援助と訓練を含み、研究のすべての段階において、子どもと若者主導のやり方に「適合し、基礎づけられている」。CRAEスタッフは研究のインタビューに常時参加し、事前の危険査定を行う。
> - 専門用語を排除した、年齢に適切な言葉の使用とUNCRCに準拠した研究基準を重視しつつ、インタビュー、テープ録音、図工作品の使用に対して、自発的なインフォームドコンセントの詳細な基準がある。
> - 親によるインフォームドコンセントの詳細がすべて含まれている。
> - 基準はまた、守秘性、匿名性、データ保護と互恵性 —— 調査後報告、参加者へ感謝することと正式な謝辞、共同著作の尊重を定めている。
> - 報告会、仲間との反省と評価書類からの学習が奨励される。
>
> CRAEには指名された人が常在し、「CRAE子どもや若者との研究指針（CRAE Working with Children and Young People Policy）」に従って、苦情に対処しています。

若い研究者自身の特質の尊重

後続の章で概説するように、研究倫理により広い社会的、政治的分析が含められるようになると、研究テーマ、文脈、方法、研究の子どもへの影響についてより豊かな理解を得るために、権利、義務や危害－利益の枠組みが拡大される可能性があります。

【ボックス4.8】若い研究者自身の特質の尊重

フェリシティ・シェントン（Felicity Shenton）（英国、ダラム）「子どもへの投資（Investing in Children）」www.iic-uk.org

1990年代半ば以来、「子どもへの投資」は、子どもと若者の人権を、それに影響するすべての問題に関与できるよう促進してきた。これには、彼ら（子どもと若者）が自分たちで彼ら自身の研究を行えるようにすることも含まれ、それは「人びとが何を考えるかを見出し」、記録し、彼らの意見を報告することを目的としている（Tisdall et al., 2009 参照）。私たちは若者を研究デザイン、方法論、フィールドワーク、分析と普及にかかわらせる。私たちの目標は、若い研究者が自ら認めることのできる明白な変化を達成することにある。その過程は、「変化のための最良の議論を引き起こすために、何を知らなければいけないかを見出すこと」を含む。

若い研究者を援助するときに（Lolichen et al., 2007）、「子どもへの投資」は、彼らからまさにその特質をなくすような訓練をしないように注意しており、その特質が彼らを他とはまったく異なる本物の若い研究者にするように取り組んでいる。私たちは、彼らを大人の手法や方法論や世界観、そして大人が彼らに必要だと決めつけた技能を採用するよう訓練することによって、人びとや過程の「品質を落とす（adulterate）」ことがないよう目指している。

若者はこれらの用語を使用しないかもしれないが、実際には彼らは、質問紙、フォーカスグループ、インタビュー、参加観察、覆面調査、その他の研究方法を用いる。しかし彼らは、研究の証拠を得るために、大人のいない空間で、さらに他の非公式的な方法も用いる。「話しかけて書き留める」取り組み方を用いて、彼らは目的に沿い、行動に焦点化した豊かな研究データを多量に生み出した。

しかしながら、結果としての倫理的葛藤は、大人、学者、管理者、実践家、意思決定者が、この研究を真剣にとらえなかったり、「正当な研究」と見なさないかもしれないということだ。このことは「この研究は誰のためか？ そして、それは誰の目的や必要に役立つのか？」という疑問を投げかける。そこで「子どもへの投資」は、子どもや若者には大人の意見に疑問を持つよう援助し、そしてまた大人には子どもや若者に耳を傾け理解し、若者の研究を

真実で検証でき、重要で妥当な、他の研究の証拠と同じように価値あるものとして尊重するように援助する（Lolichen et al., 2007）。

「子どもへの投資」は変化を成し遂げました。それには以下のようなことが含まれます。

- 若者は、ダラム州の「未来のために学校を建てる計画」の一環として、学校の再デザインにかかわっている。
- リバプールのアルダー・ヘイ子ども病院の腫瘍学病棟の子どもや若者の治療とケアに対する変革。
- ダーリントン子どもトラスト内のケア児童評議会（Children in Care Council）、「ダーロ・ケアクルー（Darlo Care Crew）」にかかわっている子どもと若者のための誓約の開発。
- 「子どもと若者精神衛生支援（Child and Adolescent Mental Health Services）」で仕事をする子どもや若者に提供される、待合室、予約システム、情報とコミュニケーションに対する変更。

【ボックス4.9】ウガンダにおけるエイズ孤児の生存戦略に関する若者とのエスノグラフィー研究

クリスティン・チェイニー（Kristen Cheney）（オランダ、ハーグ、社会調査研究国際研究所）

　子どもとともに行うエスノグラフィー研究における、倫理、力関係の力動性、知識創出に取り組むため、私は以前の子ども研究に参加した18〜20歳になる5人の参加者を呼び集めた。幾人かは孤児であった。地域のNGOが彼らに社会調査研究技法を訓練し、彼らを、5〜10歳の孤児からなる5つのフォーカスグループに割り当てた。学費と引き換えに、彼ら若い研究者は、ほぼ2年間の間、フォーカスグループの子どもたちの学校や家を訪ね、彼らの経験、考え、挑戦を記録した。
　私は子どもや若者の知識を第一に尊重するために、私の権限の多くを放棄

4章　研究を計画する —— 選択と参加　83

した。収集されたデータは、6つの異なる若い研究者のワークショップで、対話の刺激剤となった。研究チームは、一緒に、彼らの調査結果の共通性と変則性を探し、データを解釈し、彼らの印象から新しいデータを作り出し、さらに研究の次の段階のための新しいリサーチクエスチョンを作り出した。エスノグラフィーに子どもを包含するこの拡張は、病気や死に関して彼らがどのように理解し、対処しているかなど、孤児としての子どもの経験に関する重要な洞察をもたらした。これらの結果は、子どもの報告した必要性に添った、より良い支援のための政策に情報提供する可能性を持っている。

　この参加型の協同デザインは、他の多くの利点ももたらした。それは孤児の経験の共通理解を促進し、子どもの関心を中心にする新しい方向へと研究課題を押し進めた。研究チームとの定期的反省会も、彼らが自身の生存戦略について、互いについて、またコミュニティについてさらに学ぶにつれて、プロジェクトにおける子どもと大人の間に協同的関係を作ることに役立った。このように、参加型エスノグラフィーは実際に、若者と彼らのコミュニティで**変化を引き起こす**ものとなった。終了までには、かつては幼児に対して決して「共感」しないと言っていた若い研究者は、彼らのフォーカスグループの子どもを指導することに情熱を傾けていた。彼らはまた地域の関係者に出会い、需要のある技術の訓練を受け、働く経験を得た。この研究の若い研究者と養育者は、今では、力を与えるキャンペーン（Empower Campaign）という、養育者に就労機会を提供し、孤児や脆弱な子どもに対する教育の機会を改善する国際的NGOの地域委員会を構成している。彼らはまた、研究に参加した子どもたちへの協同的なニーズ査定を行い、コミュニティにおける他の受益者を探し出すために役立てようと学んでいる（Cheney, 2007）。

問いのまとめ

- 関与する子どもはなぜ研究に参加するために選ばれたのだろうか？
- 選ばれた子どもたちの中に、恵まれない条件の集団に属している者がいるだろうか？　もしそうなら、彼らが持っているかもしれない何らかの予想外の問題や不安を見越した対策がとられただろうか？
- たとえば、会話や学習に困難を持つために、排除された子どもがいるだろ

うか？
- そうした排除は正当化されうるだろうか？
- 研究が子どもに関するものであるとき、被験者を大人だけにするのは適切だろうか？
- 研究結果は代表的であることが目指されているのだろうか、あるいは特定の集団の子どもに典型的であることが目指されているのだろうか？
- もしそうならば、子どもたちはそれらの主張を支持するために十分適切に選択されただろうか？
- 研究デザインや予定された子どもの人数は、拒否や離脱を考慮に入れているだろうか？　もしあまりにも多くの脱落者がいるなら、研究は無駄であり、倫理的ではないことになる。

5章　金銭問題 ── 契約、プロジェクトへの資金提供および参加者への報酬の支払い

　1〜4章では、資金提供への申請をする前の、主に研究デザインの初期の段階でなされる選択について概説してきました。もっとも、可能な資金が研究デザインに大きく影響することは間違いありません。選択はしばしばのちの段階にも継続しますが、初期の選択は、目的、リサーチクエスチョンと方法にかかわっていました。この章では、研究資金の出所、予算とタイミングの問題、そしていかにして契約が倫理基準を保護しうるかについて疑問を提示します。研究への寄与に対して子どもや若者に報酬を支払うことについて考察して、本章を終えます。

計画すること、予算を組むことと研究の検討課題

　多くの倫理ガイダンスは高度な基準を設定していますが、複雑で、しばしば雑然とした日々の研究の行為が、いかにこれらの基準を満たすことができるかについてはほとんど言及しません。この章では、資金提供と予算によって引き起こされる複雑な倫理的難題のいくつかについて概説します。この最初の節で考察するように、ここ数年、金銭問題は研究に対してよりいっそう強力な影響力を持つようになってきました。

　商業的研究も大学の研究も、次第に、予算に高額の間接費用（一般管理費）を含めなければならなくなっています。これは、公益信託がより革新的で探索的な参加型プロジェクトに資金提供をする傾向があるにもかかわらず、間接費用を賄えない（2009年現在）ために、社会調査研究者が公益信託に申請しにくいことを意味します。子どもにかかわる最大の調査研究部門である商業的に後援された市場調査は別として、たいていの資金は、現在、政府の省庁や代行機関によって交付されます。それは次々に、主に子どもや若者のニーズや問題、そしてこれらにどう支援事業が対処するかについての、大規模調査研究や、評

価、体系的検討を援助するようになって来ています。

　そのような研究がもたらす可能性のある利益は、おそらく基準に達しない支援事業を廃止したり変更するために、どれがうまく機能していないかを調べることのほかに、子どものニーズと彼らを援助する効果的な方法についての理解が改善されることです。しかしながら、これらの大規模研究には不利益の可能性もあります。子どものニーズ、欠点、問題と悪行が強調されるという逆効果によって、子どもや若者、そして彼らの能力や貢献への一般的な尊重が損なわれる可能性があるのです。英国で行われた、1958, 1970, 2000 年誕生のコホートの縦断研究は、古いリサーチクエスチョンと方法に頼ったもので、2010 年代の子どもには最適とは言えないかもしれません。英国政府は、どの支援事業や介入が最も効果的かを意味する「何が効果的か？（What Works?）」にかかわる多くの研究を援助しています。これらは 2 つ以上のグループを試行で比較することにより検査されます。目的は、「証拠に基づく」計画と政策を得ることです。この研究は、大人の統制、価値、そして費用効率の良い提案を前提とし、推進する傾向があります。もし費用と費用効率が最優先事項ならば、それは原則と権利よりも前に功利を位置づけることを意味します（【ボックス 1.7】および【ボックス 1.8】参照）。

　証拠を生み出す社会科学者と、自分の政策の支持のために証拠を選択し、解釈し利用する政治家との関係は、緊張したものになる可能性があります。たとえば、緊急な政治的要請は、自己の目的に好都合で、費用効率が良く、有権者に受けの良い結果という短期の評価を求めます。しかし、たとえば、育児プログラムについての結果は、政治家が提供すると主張するために必要な証拠として示すには、あまりに早計で「弱い」かもしれません。多数派へ注目することは、少数派の持つ異なるニーズや関心事を看過する可能性があり、少数派には支援事業があまりうまく機能していないかもしれません。たとえば、英国の「確実な開始（Sure Start）」プログラムは、恵まれない若い家庭を援助するために計画されましたが、最も援助を必要とする人たち、最も若い未婚の母にとっては、まったく役に立っていないように見えます（Rutter, 2008）。しかしこのことは、ほとんど事実として認められていません。これらのことは、最初の計画から最終的な政策実施まで、研究のすべての段階を経済が複雑なものとすることを示す、わずかな例にすぎません。ここでこれらについて述べたのは、こうしたことによって影響を受ける研究者に、彼らの研究の倫理について吟味すべきことの一部としてこの問題を考えてもらいたいためです。

倫理と資金の提供源

研究者は時に、製品が子どもに害がある会社など、非倫理的かもしれないところからの研究資金提供を受け入れるか否かを決定しなくてはなりません。

二酸化炭素排出の対価

国連（2009）は、2008年の間に気候変動の影響で、推定211万人の人びとが甚大な危害を被ったと報告しました。英国医療雑誌『ブリティッシュ・メディカル・ジャーナル』の論説は、栄養不良、病気や洪水など「気候変動による健康への負荷のほとんどは、発展途上国の子どもによって担われている」と指摘しました（Roberts & Godlee, 2007: 324-5; IPCC, 2007）。著者たちは、15,000人の代表者が米国胸部学会の会議に向けて一回出張することによって、10,779トン以上の二酸化炭素が排出されると見積もりました。これは、およそ550人のアメリカ人、インドの11,000人、チャドの110,000人の「カーボン・フットプリント」、つまり1年間の二酸化炭素排出量にほぼ匹敵します。ロバーツとゴッドリーはこれを倫理的問題と見なし、「医師は手本とならなければならない」と結論づけ、国際会議を招集する代替案を見出しています。

オンラインによる研究関連の会議やウェブサイトがあり、講義やチャットルームがあり、主要な講義やパネル討論のビデオがあります。講義のテキスト、パワーポイント、口頭発表とポスターを、電子メールによるコメントと討論のスペースを用意して、オンラインで数か月の間掲示しておくことができます。仮想会議は現実の会議よりずっと長く続けることができます。それらはより詳しい記録を残せ、ダウンロードでき、旅行の時間と費用を賄える人よりもいっそう多くの人びとに開かれており、それぞれの「派遣者」に都合の良いどのような時間にでもアクセスできます。

「持続可能な試験研究団体（Sustainable Trials Study Group, 2007）」は世界中の研究報告を組織的にレビューしている「コクラン共同計画（Cochrane Collaboration）」にリンクしています。彼らの目的は、何百もの主題領域の既知の関連研究から最も良い証拠を探し出すことです。持続可能な試験研究団体

は、1999年から2004年の間に49の国で行われた臨床研究の二酸化炭素監査を行いました。彼らは2003年から2004年の1年間に、研究事務所、スタッフの出張や試験薬や素材の配布によって、126トンの温室効果ガスが排出されたと見積もりました。この報告書は医療研究の間に生じる二酸化炭素排出量を減らす方法を示唆しました。

英国の大学に対しては、欧州や国家政策と同調して、2050年までに二酸化炭素排出量を少なくとも80％削減する方向へと「先導する」こと、そしてそれを今すぐに始めることが期待されています（www.hefce.ac.uk/susdevresources/carbon/）。

この政策は、倫理と連動する5つの目的を持っています。

(1) 二酸化炭素に関連した気候変動とその影響を減らすこと。
(2) プラスチックのための石油のように、不可欠な用途のために使われる再生不能な資源を節約すること。
(3) 多くの人が使用するのに、炭素燃料が非常に不足したり高価になるとき、そして社会が日常のすべての面で未だに主にそれに依存しているとき、社会的混乱と紛争が起こることを防ぐこと。
(4) 再生可能エネルギー資源の開発を加速すること。
(5) そして、再生可能エネルギーや他の方法を通して、現在の約67億から2050年には90億になると予想される人口増加を支える体制を準備すること。

ピアース（Pearce, 2010）は、人口増加はすでに横ばいで、90億人には到達しないだろうと予測しています。彼は、人びとの仕事が主に、たとえばゴミを拾い、リサイクルしたり、林業であるとき、多くの人びとは二酸化炭素水準ゼロどころかマイナス水準で生活しているので、いずれにしろ最も剥奪された社会における人口増加は、人類の生存への脅威ではないと主張します。その代わりに、ピアースは、主たる脅威は裕福で高度な消費者であるマイノリティ世界の少数の家族によってもたらされていると考えています（Gorringe, 1999; Shiva, 2000; Miller, 2002; Plumwood, 2002; Monbiot, 2006; Stephens, 2006; Lynas, 2007; Kempf, 2008; Bell, 2009; Giddens, 2009）。

二酸化炭素排出による損失は、子どもとともに行う研究の倫理に直接的にかかわります。それは次のような理由からです。

- 二酸化炭素由来の気候変動の効果に最もひどく影響されており、今後もそうであるのは、より若い、将来の世代である。
- 子どもへの現在の、そして今後の起こりうる影響に関する研究は不十分である。
- そこで、エネルギーを消費する研究過程と同時に研究テーマの選択を通じて、研究者は、一般の人びとの議論、政策や実践に、良い方向でも悪い方向でも影響を与えることができる。

倫理と契約

　資金提供の契約は個々のプロジェクトの倫理に強力な影響を与える可能性があります。管理と資金計画とは、研究チームすべてが参加者を尊重し、彼ら自身の考えを発展させ、データを深く分析し、研究を広く報告することを可能にするように、研究チームすべてに対する配慮と尊重をもって、効率的でかつ倫理的な処遇をすることを意味します。

　研究チームがあまりに階層的な場合には、通常、若い参加者と最も身近で仕事をする年少の研究者にとっては、彼らの持つかもしれないどのような問題についてもチームのリーダーに報告し、これらの問題に立ちあわせるようにすることがより難しくなる可能性があります。極めて残念なことに、一部の若い研究者からの報告では、研究プロジェクトが非倫理的で、子どもや若者を搾取しているという彼らの懸念は、年長の研究者が「研究倫理委員会が研究を承認したのだから何も問題はない」というひと言によって退けられるといいます（6章参照）。

　研究、コンサルタントや評価と資金提供者との契約では、以下のことを可能にする必要があるでしょう。

- 研究者の用いる言語〔訳注：本書では英語〕をわずかしか、あるいはまったく話せない子どもに対して、また学習困難な子どもに対して、特別に必要とされる時間と資源（点字、サインやITによるコミュニケーション、タクシー代や付き添い費用）のような、包含的方法を可能にする資金提供を含む、理に適った見積りと時間調整。
- 研究チーム内の定期的話し合いの時間。

- 十分な秘書、技術、図書援助、およびプロジェクトの宿泊施設。
- 研究参加者の反応から学び、研究デザインを適切に改善するための予備的で柔軟な初動期間。
- 証拠を収集し分析する時間。
- 子どもや若者に、調査後に報告をする時間。
- 研究を手助けしたすべての人のために報告を書き、さらに、役に立つ結果が実行されるかもしれない、あるいは政策や意識に影響するかもしれない機会を増加させるよう、広く普及させるための報告を書くことに費やす時間。
- 契約条項を公表する自由（下記参照）。

研究管理の基準では、契約において、一般的により高度な合意された基準を奨励しています。それには、後援者や顧問団が各研究プロジェクトの進行を監督するための資金提供が含まれることもあります。契約には、以下のことに関する条項が含まれるでしょう。

- 研究者の優先権と価値。
- 研究によって起きた倫理的問いとそれに対処する手段。
- 機会均等の方針、および研究者と参加者の間の、文化、宗教、性別、年齢、障害、その他の差異が尊重される方法。
- 資金援助が必ずしも結論に対する支持を意味しないことを述べた、資金提供者の報告書に対する免責条項。
- 研究の問題と実際の方法を正直に報告する研究者の意思。
- データがどれくらい信頼でき、一般化可能で、譲渡可能かに関する注意書き。
- データの偽造と不適切な提示の回避。
- 最終報告が、他の研究者が研究を理解し学ぶことができるよう十分に詳述されていること。
- 公表の自由と著作権条項。

公表の自由

　公表する自由の契約条項は、資金提供者や研究者、研究機関や研究された機関が、詳細な結果の公表を許可しないことを防ぎます。それは研究の完全性を保護することに貢献します。「国立児童局ガイドライン（National Children's Bureau Guidelines）」（1993; 新しい2003年版では少し明確でなくなっています）は、例外事例についてこう述べています。

　　　私たちが機密の研究、あるいは特に注意を要する領域の研究に取り組むときには、［研究報告の計画は］最初に国立児童局と資金提供機関との間の合意が必要である。すべての報告は草案の形式で、参加する組織と資金提供機関に示され、どのような意見も慎重に考慮される。［局は］最終的に書かれたもの［と］著作権に関して責任を保持するが、異なる合意がなされたところについては除外される。特に評価的研究は、元来、特定の既存の政策や実践に関してしばしば疑問を提起する。これは常に建設的に提起されるが、参加機関はこの可能性に備えておかなくてはならない。

　研究者は、彼らの雇用主が、後援者や資金提供者と不和になることを恐れて公表を望まないような、重要だが憂慮すべき事態をもたらす研究結果を生み出すかもしれません。契約は、研究者の（彼らの機関や雇用者だけではなく）公表の権利に言及することで、こういったことから保護します。しかしながら、この自由に対する他の障壁は、報告を印刷物で発表する前に、編集者や、学術雑誌の査読者を満足させなければならないことです。研究の最中には多くの予想外の問題が生ずるものです。先を見通した、入念に考え抜かれた契約、そして倫理的問いへの注意はすべて、これらの問題を防いだり減らすのに部分的に役に立ちます。次に若者への報酬の支払いについて考察し、この章を結びます。

若い研究者と参加者への報酬の支払い

いくつかの理由から、報酬が支払われることがあります。

- 付き添いの代金を含めて、費用を返済する。
- 時間や不都合や起こりうる不快感への補償をする。
- 参加者の助力への感謝のしるしを示す。
- 大人に支払うのとまったく同じように若者の助力に対して支払う。
- もし研究を手伝っていなかったなら、仕事や物乞いをすることによって稼いでいたはずの人びとに報いる。

　このような報酬の支払いは、若い参加者や若い研究者の研究への貢献に対する、倫理的に「公正な代償」でありえます。いくつかのガイドラインでは、報酬の支払いは、参加者に参加するよう促すための「誘因として」与えられることもあるとしています。しかしそれは、参加者はいかなる種類の説得や圧力もかけられてはいけないとする「ニュルンベルク綱領」の基準に違反します。たとえ公正だとしても、どのような支払いも依然として、人びとに参加させる賄賂となり、強制とさえなりかねません。ある人びとにとっては低い金額かもしれなくても、恵まれない境遇の人や多くの子どもなど他の人びとには、高い金額の可能性があります。そこで彼らは、報酬を受け取るよう圧力をかけられたと感じ、彼らが選んで言うであろうことよりも多くを明かさねばならないと感じたり、あるいは研究者が聞きたいだろうと考えることをより強調して言わなければならないと感じるかもしれません。

　人びとは最初に報酬を支払われ、そして研究から退くなど、何を言ってもしてもその支払いは有効だと保証されるべきでしょうか？　あるいは、支払いは、それが贈賄となる危険のない事後になってから「思いがけないこととして」のみ与えられるべきでしょうか？　報酬の支払いを認めない資金提供者もいます。しかしながら、若者を尊重し、報いることの重要性については、【ボックス7.5】を参照してください。

　若者に報酬を支払うことの長所と短所については、倫理ガイドラインの評論（Wendler et al., 2002）で論じられており、そこでは4つの有用な支払いのタイプ ── 返済、補償、感謝、誘因 ── に分けています。この評論では、結論として11の安全条項を提唱しているので、読者の議論に供するため以下に示します。これらの安全条項は、研究に参加するかどうかについての両親と子どもの意思決定が、報酬の支払いの約束によって歪められる可能性を減らすことを目的にしています。

（1） 4つの支払いのタイプすべてに対するガイドラインを作る。
（2） 子どもに対する支払いを広告することに関する明白な方針を採用する。
（3） すべての誘因には明白な正当化が要請される。
（4） 同一の研究において、子どもが大人よりも低く支払われることを許容する。
（5） 離脱する被験者への支払いを保証する。
（6） 人びとが参加したいためにではなく、支払いのために同意している懸念があるすべての事例を慎重に考慮する。
（7） 同意とアセント（8章参照）の用紙に支払いについて記載するための一般的指針を開発する。
（8） 適切な関係者に直接支払う。
（9） 一括しての支払いを避ける。
（10） 後払いを考慮する。
（11） 現金以外の支払いを考慮する。

「スコットランドの子どもたち（Children in Scotland）」（2001: section 4）は、報酬の支払いに対するガイダンスについてもう一つの例を示しています。

> 「スコットランドの子どもたち」は、研究への参加の間、情報提供者に必要となった合理的と考えられる移動と生活の全費用を、領収書の提出に基づいて払い戻す。

> 「スコットランドの子どもたち」はまた研究で接触する「参加者」に、必要経費に加えて、参加への誘因、時間に対する補償、あるいは貢献への感謝としても支払う。それは現金、商品券、あるいは集団や学校、機関への寄付や贈り物等々のかたちでなされる。調査研究においては、回答用紙返送の誘因として抽選による賞が用いられる。

読者は「誘因」や「抽選による賞」の言及について検討したいかもしれません。ほとんどすべての人が宝くじを支持しますが、一部の人びとは支持しません。これは、研究を包含的にすべきという目的を複雑にするでしょうか？　一つの安全策としては、研究者だけですべての倫理的決定をしなくてもよいので

あれば、6章で考察するように、それらを倫理審査委員会と共有することができます。

背景状況に応じた報酬の支払い

非常に貧しかったり危険な状況にいる子どもたち（そして大人）との研究、あるいは人びとがお金よりも、主に実際的な手助けをしたりものを与えあったりしているところでの研究では、研究に参加してもらう時間に対してどう補償するかについて、困難な問題が生じます。報酬の支払いは、研究者と参加者や研究を手助けしている他の人との間に、誤解や困惑を生むことがあります。報酬の支払いの問題は、文脈状況の中で背景に応じて理解される必要があります。サイム（Sime, 2008）は英国の恵まれない子どもたちとの研究で、感謝の印として商品券を用いることについて検討しています。ヴァカオティ（Vakaoti, 2009）は、フィジーのスヴァのストリート・チルドレンに報酬を支払い、さらに映画の券を贈りました。

支払いは現金の代わりに、学校に行っている子どもに鉛筆、ペンやノートを贈るなどのように、現物支給でなされるかもしれません。博士課程学生、ナタリア・ストレーリは、ロンドンを拠点にしながらペルー高地で研究を行い、研究活動の間に子どもに軽食を与えたとき、子どもたちが残った分を丁寧に包んで家族に持ち帰ることに気づきました。翌日、彼らはもっと残りものを入れられるようにプラスチック容器を持ってきました。これは、子どもが家庭の経済に貢献するという地域の規範を反映しているだけではなく、これらの家族にとって互恵的であることがとても重要であることを示していると思われました（Streuli, 2010）。

【ボックス5.1】「若者の生活」

http://www.younglives.org.uk

英国のオックスフォードを拠点に、「若者の生活（Young Lives）」は、エチオピア、インド、ペルー、ベトナムの12,000人の子どもたちと、15年間にわたる、

子どもの貧困に関する政府資金提供による研究を行っています。各国の研究チームは、人びとの時間の価値、「公益のために」研究を手助けする意思、貧困の程度、研究者に話すことで時間を費やして1日の賃金を失うわけにはいかないことなど、文化的背景に沿ったかたちで、支払いに当たりました。互恵的であるという規範やコミュニティの規範、さらには政府には従うべきだという規範が人びとの参加に影響します。しかしながら、回答者に金銭を支払うことは混乱をもたらすかもしれません。

エチオピアでは、子どもは学校の道具を買うためにお金を使うよう奨励されました。極貧で生活している家族は、最初、「若者の生活」を実際的な援助と金銭を与えてくれる援助機関だと見なしました。その後、研究者は、研究「プロジェクト」はコミュニティや個人にいかなる援助をも提供するものではないことを注意深く説明しました（Tafere et al., 2009）。

ペルーでは、研究者は、地域の学校に多少の必需品を供給したほか、「お礼」としてちょっとした贈り物をしました。インドでは、研究チームはやはり、地域コミュニティの長の要請に従って、地域のすべての子どものためになるように学校にいくらかの教材を提供し、2009年まで、参加者への直接の支払いはしませんでした。しかしながら、一部の参加者は、コミュニティのすべての人への利益をもたらすことになるのに、彼らの時間にたいして支払われないのは不公平だと考えました。

文化はとどまっていません。2010年までに、経済がよりいっそう市場志向になるにつれて、「若者の生活」研究の回答者への支払いの問題はますます重要になりました。たとえば、インドのアーンドラ・プラデーシュ州では、最近「全印地域雇用保証計画」が実行に移され、朝の仕事に対して労働者に少なくとも60ルピー（75ペンスあるいは1米ドルに相当）が支払われています。過去には研究者と話すことに時間を費やすことで失われる労働機会の対価はゼロであったかもしれませんし、あるいは回答者は研究者と話しながら家事や農場労働に従事できました。彼らは今や彼らの時間の経済的価値にいっそう気づくようになり、より多くの支払いを期待するでしょう。こうして、「若者の生活」は、インドでの今後の研究の際には、参加者に、彼らの時間に対して支払いをすることを決め、また他の国々においても、おそらくそうするとしています。さもなければ、人びとは将来、特に参加を求めることがすでに難しい都市部で

は、参加を拒否するかもしれません。

　貧困は、子どもや大人に、同意への大きな圧力を受けていると感じさせ、支払いを受け取るために、いやいや研究に加わり続けるようにさせるかもしれません。配慮が必要なのです。このおこりうる圧力のために、そしてそれが子どもを契約関係に入れこみ、離脱する自由を減らすため、子どもには研究への貢献に対して支払いをすべきではないと指摘している人びともいます。貧しい人びとはまた、通常低い地位にいて、それがさらに拒否したり離脱する力を抑制する可能性があります。（同意については8章で論じます。）

　一方、貧困とそれに伴う低い地位は、考慮すべき問いをもたらします。研究に貢献し、情報を提供してくれる人びとと、あなたはどのような関係を持ちたいでしょうか？　それは単なる契約関係でしょうか？　信頼関係を作り、提供された情報に関して利害関係を共有したいのでしょうか？　これらの関係は提供される情報にいかに影響し、それを形づくるでしょうか？　おそらく、入り交じった動機が引き起こされる可能性があるでしょう。ここで私たちは、倫理と同時に質の良いデータを収集するという、実際的問題について述べましょう。信頼関係は相互的であるときのみ可能であり、ある程度の相互性（9章参照）と、ある程度の力の同等性の中においてのみ持続すると言うことができます。研究者が参加者よりもずっと大きな力を持つ場合には、信頼関係を持続させるのは困難であり、だからこそ尊重と同意が不可欠なのです（8章）。

　研究者が参加者への支払いを「原則的」に拒否することで、研究予算が抑えられ、管理が減り、どの程度支払うかに関して起こりうる論争や交渉を回避できるとき、研究者は入り交じった動機を持つかもしれません。ジンバブエの事例は、人びとはもし支払われるならより正直になろうとするのか、あるいは、謝礼に見合うよう余計に応答したり考案しなければならないと感じるのか、という問いを投げかけています。インタビューの最後に食料が贈られたとき、一人の男性が困惑しました。彼は、これが、よく知っていた長期研究ではなく、政府の何かの調査だと思っていたと言いました。彼はインタビュアーに、筆記録を捨ててもう一度インタビューを始めるように言いました ── 今度は正直に話しますから！（Michael Bourdillion, 私信, March 2010)。この例は、信頼のおける情報を生み出すには、正しい関係の確立が不可欠であることを示しています。

【ボックス5.2】エチオピアにおけるフィールドワーク

タテク・アベベ（Tatek Abebe, 2009: 461）が、その方法を述べています。

　特権的な、学校教育を受けた、車の運転をする男性が、経済的に恵まれない子どもの間でフィールドワークを行うことは、物質的不平等に関連する複雑な個人的疑問をもたらした。ほとんどの参加者は低収入集団に属し、浮浪児を含むその多くは日銭を稼ぐためにあちこち場所を移動しているので、私は、彼らにいくらかのお金を渡すことが、彼らの時間と労力に対する適切な報酬であり、うまくいけば彼らの参加を促す方法だと … 信じていた。学校では、私は子どもに文房具を贈ることで支払いとした。ストリートでは、私は子どもにお金を与え、たびたび一緒に食べた食事代を払った。

　しかしながら、私と多くの子どもの関係は深く、相互的であった。さまざまな機会に子どもたちは私に贈り物を買い、私を彼らの家に招き、彼らの食べ物を私に分けた … 根深い貧困と、厳しい物質的剥奪の状況を目の当たりにして、私は彼らの環境から離れることはできないと思うようになった。私は将来のためのどのような約束もしなかったが、（一時的な）相互的関係が、多くの実り多いやり方で研究空間を育んだ … 相互性は … いかに倫理的広がりが相互関係の産物であるかを示している … そして、あの権威ある倫理的原則は、相互作用の中で、研究参加者によって実際に生きられ、再生産され、経験されるのである。

問いのまとめ

- 研究資金は、子どもに危害を与えうる活動を避ける機関からのみ調達されるべきだろうか？
- 資金提供は、研究者が子どもと十分に連絡をとり、データを効率的かつ正確に収集し、照合し、分析することを可能にするだけの、時間と資源を許容するだろうか？

- 子どもや親または養育者の費用は払い戻されるだろうか？
- 子どもは研究を手伝った後で、いくらかの支払いや報償を受けるべきだろうか？

6章　目的と方法を審査する ── 倫理ガイダンスと倫理委員会

　この章は、研究倫理委員会（Research Ethics Committees: RECs）に申請すること、そして、おそらく試験的な実施後に、あるいは同僚や他の審査者からの講評を考慮して、研究計画の最終改訂版を作ることにかかわっています。何十年もの間、医療研究は、研究倫理委員会（REC）あるいは機関審査委員会（Institutional Review Board: IRB）の審査と詳細な倫理ガイドラインによって情報を与えられてきており、社会調査研究はこの例に追従しています。しかしながら、審査委員会とその指導であるガイダンスは役立つのでしょうか、そしてそれらは医療研究においてよりいっそう役立ちえるのでしょうか？　私たちが前に指摘したように、本書の目的の一つは、共同審査（collective reviews）とガイダンスの価値についての議論を、社会調査研究者の間で促進することです（Alderson & Morrow, 2006; Munro, 2008）。

研究目的および方法の審査と改訂

　子どもや若者が多くの知識を持っているということが、単にデータ収集段階の間だけではなく、研究プロジェクトのすべての段階で大変役立ちうることは、今ではより一般的に認められています（Hill, 2004）。「インサイダー」の経験豊かな子ども、若者、大人が一緒に真剣に計画する研究は、おそらくいっそう適切なリサーチクエスチョンと倫理的方法を用いることができるでしょう。
　利用者（申請者）と他の審査者とのコンサルテーションは、非公式な接触から、委員会審査、正式な試験的調査の実施にまでわたります。大部分の研究者は、今では参加協力者との接触を開始する前に、承認のためRECやIRBに申請しなくてはなりません。私たちは、計画された研究が倫理的か否かを見て、以下のことを問う、グループによる審査の段階が、どのような研究においても常にあるべきだと提案します。

- 研究の基礎にある子どもに関する基本的仮定は明確なものだろうか？
- 子どもや大人の意見を真剣に受け止め、もし苦情が提起された場合にはきちんと聞く余地があるだろうか？
- 研究を正当化するときに、研究者は誰に対して説明責任があるだろうか？

【ボックス6.1】で推奨されているように、子どもは広汎な方法について助言することができます。

【ボックス6.1】よい科学と倫理を促進するために、研究デザイン作成に子どもを含めること

　子どもの身体活動を阻むものと促進するものについての研究報告の体系的な再調査が、8,231件の研究題目と要約について開始されました。調査者は、報告されたプログラムのうち69件のみが、適切に評価されていたにすぎないことを見出しました。そして5つの評価のみが、プログラムが効果があったのかなかったのか —— つまり資源と機会の大きな無駄遣いだったのか —— を実際に示していました。調査チームはまた、子ども自身の意見が聞かれることはほとんどなく、そのため基礎的データがないに等しいと結論づけました（Brunton et al., 2003: 104）。チームは、子ども（4～10歳）の意見が、「将来どのような身体的活動を促進する取り組みを開発するにあたっても、出発点にされるべきである … 可能なときには、子どもの … 活動を促進するために成すことができ、成すべきであることについての彼らの意見を直接尋ねるべきであり … 子ども、両親、その他の関係者が、身体的活動への介入の評価計画 … 関連する適切なデータを収集する方法、道具やテーマの決定、そして測定される結果を決定することに関与すべきである」と提言しました。チームは、子どもに代わって両親が答えた場合は、両親の意見として（つまり子どもの意見とは限らないとして）数えました。そして、研究は「子どもを研究参加者として尊重し、［そして］子どもにとって意味のある会話に加わってもらう必要がある」と述べています（Brunton et al., 2003: 102-4）。

社会調査研究は研究倫理委員会を必要とするか？

　研究倫理委員会や機関審査委員会（RECs／IRBs）は、社会調査研究の基準を高めるのに役に立つでしょうか？　審査委員会に対しては賛否両論がありますが、主に医学の研究倫理委員会についての議論に基づいています。しかしそれは、社会調査研究の倫理委員会が研究の審査、コンサルテーション、評価をする場合との関連で考えることができるでしょう。

研究倫理委員会はどのように役立つか？

　研究倫理委員会は粗悪な研究を防ぎ、研究参加者を保護し、参加者となるかもしれない参加候補者と研究者の間の保護隔壁となることで、役に立つ可能性があります。それは、研究倫理に関する認識を高め、真剣に配慮する助けとなります。一つの効果としては、多くの研究者が、単に後で気づくのではなく、今や倫理が研究計画作成と研究過程の基本的部分だと考えていることがあります。支援利用者や、異なる分野（法、哲学、宗教、社会科学など）の人びとなど「非専門家」を彼らのメンバーに加えることで、医学の研究倫理委員会は、研究者が異議申し立てを受け、異なる意見や価値を考慮に入れ、説明責任を果たすようになることを奨励しています。

　一部の研究倫理委員会は、特に保健医療のそれは、一つの委員会が、広範囲の分野／専門、方法、理論とテーマにわたる研究を扱うことができることを示しています。つまりあまりに狭い分野や方法を審査し、学際的な疑問や挑戦に欠ける研究倫理委員会を持つことは必ずしも必要ではないし、利点がないかもしれないということです。研究倫理委員会で、特に研究参加者の代表にならなければならない「非専門家」委員は、研究情報記載書を詳しく調べることによって、研究参加者にとっての明確な情報の基準を高めることに役立ちます。そして、地域の倫理審査委員会は、研究が彼らの地域にふさわしいかどうかを確認し、特定集団が過剰に研究されることを阻止し、他の言語で書かれたリーフレットや連携者を研究計画に入れるべきかどうかをチェックすることができます。

　今ではそれほど一般的ではなく、審査はより能率化されていますが、もしいくつかの研究倫理委員会による審査があるならば（複数の焦点を持つプロジェク

トに対して)、それは保護手段になりえます。つまりいくつかの研究倫理委員会によって看過された誤謬と危害について、他の委員会が気づくかもしれないからです。

倫理や価値に関する問いについて、研究倫理委員会の委員の間で何らかの意見の相違が起こることは避けられません。そしてこの相違は、実際の実施計画書についての具体的議論を通じて、倫理的認識を増大させることができます。

研究倫理委員会はどのように役立たないか？

研究倫理委員会は、特に複数の焦点を持つ研究の場合、多くの委員会に申請しなければならないので、研究時間と資金の浪費を招くかもしれません。彼らは研究を何か月も遅延させ、契約や人員配置を深刻に混乱させる可能性があります。幸いにも、このようなことは今ではそれほど一般的ではなく、研究倫理委員会は普通、厳重な締め切りに間に合わせなければなりません。研究倫理委員会に申し込むには、高額な費用がかかることになる場合がありますが、そのために正式に資金が割り当てられることはめったにありません。

研究倫理委員会は資金不足であり、時間のかかる無報酬の仕事に依存しています。彼らは効率が悪い可能性があります。一部では適切な審査のために必要な専門家が不足しています。医学の研究倫理委員会は製薬会社の申請に対して高額な料金を請求します。製薬会社は他の申請に助成金を与えて援助します。しかし、研究倫理委員会の運用と委員の訓練のための、寛容な製薬会社による資金提供は、研究倫理委員会の独立性を損ないうるという懸念があります。

研究倫理委員会は、倫理的研究が支持され、劣った研究が防止されるということを完全に保証することはできません。また、承認報告自体がその研究への適切な批判を阻止してしまうという新たな危険を追加することもあります。

一部の研究倫理委員会は些細な点に細かくこだわり、実施計画書に関する他の委員会の決定に反対します。これは研究倫理委員会の審査が非効率的で非科学的であることを示しています。

社会調査研究者は、一部の研究倫理委員会に対して、すべての主要な社会調査研究の取り組み方と方法を理解せず、また十分な専任の、あるいは選出された専門家委員がいないことに不満を述べています。研究倫理委員会が数人の委員によって支配され、特定の実施計画書の承認／拒否を決定する可能性もあります。

研究者は、倫理的責任を倫理委員会に肩代わりさせるかもしれず、公然と「承認されたから大丈夫です」と主張しながら、個人的には無用で有害だと信じるような研究を実行するという、深刻な危険があります（Sylvester & Green, 2003）。

研究倫理委員会に関する制度上の問題

　研究倫理委員会の委員はまた、研究者や、他の研究倫理委員会の委員、または彼らの機関からの、時間がかるという主張や経済的圧力によって、自らが研究の支持を表明させられ、さらに、認可の承認を強いられることを不幸に感じるかもしれません。

　研究倫理委員会は、時々、倫理的でない研究を承認し支持することによって、彼らの本来の目的を損ねることがあります。同意（8章）はきめ細かいふるいのようなもので、参加者それぞれは、研究に参加したいかどうかを決定するにあたって自由でなければなりません。研究倫理委員会が、実施計画書を承認／拒否するにあたっては、より早い段階でのきめの粗いふるいもまた重要な意味を持ちます。彼らは、完全に満足しない実施計画書でも、後に参加者が自由に選択したり拒否したりできると仮定して承認してしまうかもしれません。しかしながら、研究倫理委員会の承認それ自体が、後の参加候補者の拒否の自由を損ない、誤って導いてしまう可能性もあります。本書を書きながら私たちが講評を求めたときに、参加者と最も身近に接触している幾人かの若手研究者は、年長の研究者や管理者に倫理的批判や問題を深刻にとらえさせること、そして単に「研究倫理委員会が研究を承認したのだ」とだけ答えることがないようにさせることは自分たちには難しかったと述べました。

　私たちは、研究倫理委員会があまりに多くの研究を承認するという深刻な問題を非常に憂慮しています。私たちには、研究倫理委員会の委員長や管理者は、承認された研究について報告された懸念にいつでも対処できるようにすべきであると、提案することしかできません。しかしながら、資金提供を受けた研究をビジネスライクに処理するようにという圧力の増大は、研究倫理委員会の委員、研究者および参加者の自由を大きく妨げる可能性があります。これらとは逆に、研究倫理委員会が親の同意なしでは若者との研究を行うことを許可しないとき、子どもや若者とともに行う研究を委員会が過剰に制限していると主張する研究者もいるでしょう（8章および Skelton, 2008 参照）。

研究倫理委員会に関する最近の経験

　私たちが本書に寄稿するよう求めたとき、最初の時期の研究との関連で研究倫理委員会についての批判がいくつか寄せられました。ここにはこれらの批判を載せます。強調表記は、私たちの応答です。

- （1）　研究倫理委員会の役割は、研究の倫理的影響について情報に基づいた助言をすることである。
- 応答　研究倫理委員会はまた、合意された基準に照らして研究実施計画書を査定し、承認するか改善を求めなければならない。
- （2）　研究倫理委員会は、調査場面、あるいは参加者の性質、あるいは厳密な法律、そして特定の領域における良い実践に関する倫理ガイダンスについて知らない。
- 応答　もし研究倫理委員会の委員が無知で非現実的であるようならば、あなたの専門領域の専門家を委員会に招くか、少なくとも彼らに助言を求めるよう委員に依頼することができる。
- （3）　同意のための研究倫理委員会の基準は、その調査場面における通常の実践と矛盾していた。そこで一つの調査場面では、代わりに彼らの慣例に従って実践した。そのほうが親や養育者の研究の理解をいっそう援助し、より心配の原因が少ないと考えたからである。
- 応答　ここにはいくつか矛盾があるようである。
  - (a)「通常の実践」は、研究への同意の要請を指しているのだろうか、あるいはまったく違って、子どもに対するケアや他の援助への同意を指しているのだろうか？
  - (b) もし、「通常」の研究への同意が「しばしば」を意味するのならば、（研究の）センターが同意の基準をもっと認識していないのはおかしいと思われる。
  - (c) もし、「心配の原因」があるようなら、そしてもし親、そしてたぶん子どもも「援助」が必要ならば、それを親と子どもに知らせたうえで彼らの同意を求めるべきいっそうの理由がある（2, 7および8章参照）。
- （4）　2つの異なる同意の基準が「参加者の利益の対立を生んだ」。

応答　介護、教育や他の支援の提供は参加者の利益となるが、研究はそうではない。子どもが研究者を支援するのである（2章と8章の二重基準参照）。

(5)　研究倫理委員会の枠組みは、長い間、効果的なケアと教育の提供にとって重要だと認められてきた、実践家と両親／養育者の間の特別な関係の重要性を考慮することを許容しないようだ。ケアの倫理は、特に「初期基礎段階（Early Years Foundation Stage）」の文書（department for children, school and families: DCSF, 2008）に明確に述べられているように、相互に尊重しあう関係を育むことを求められる。

応答　相互的尊重と信頼の関係は本当に不可欠であり、それらは情報、質問や討論の正直な交換の過程で育まれる。もし両親が情報を与えられないならば、特に彼らが隠蔽工作を発見したならば、信頼は台無しとなる。これは、ケアの提供のときよりも研究においてむしろいっそう深刻である。そして、ふたたび、研究と実践の違いが理解される必要がある（2、7、8章参照）。研究者が同時に実践家でもあるということが示唆されている（研究者が「インサイダー」であることの複雑さに関する序論参照）。

(6)　生物−医学的モデルから展開してきた倫理的枠組みが強いられるならば、重要な実践家−親の関係が研究デザインに影響することを許さないかもしれない。

応答　研究倫理委員会は普通、医療研究も含めて、参加者が研究のデザインに加わること、そして特に、他の計画もまた議論されるときには、情報リーフレットの作成に関与することを支持している。人びとに正直に情報を知らせ、彼らの同意を尊重する生物医学的倫理モデルは、人びとの情報に基づいた自発的な協力と実際の研究への参加を保証するのに役立つ方法を導く。

(7)　ヒト組織の使用など、医学的手続きに起因する防御可能な危害を避けることなどは、主要な検討事項の一つが、研究されるコミュニティの中で役立つ積極的で正直な関係を援助することである社会調査研究プロジェクトのデザインに、必ずしも情報を与えるものではない。

応答　侵襲的な生物医学研究が身体に損傷を与える危険があるのに対して、侵入的な社会調査研究は、人びとの生活、関係や機会を混乱させる危険がある（たとえば、もし教育研究に関与したため、それが子どもを引き止め、彼らの時間を無駄にすることになった場合）。社会調査研究のデータ収集の間だけではなく、たとえば、もし人びとが間違って報告され尊重されてい

ないと考えるなら、研究の分析、報告あるいは公表の方法にも危険がある。こうしたことは人びとに、ひどく傷つけられ誤解されたという気持ちを残す可能性がある。研究による身体への損傷の最悪の影響は感情的あるいは社会的なものであるかもしれず、そして社会調査研究による深刻な危害が痛みを伴う苦悩として身体的に感じられるかもしれないとき、身体的および精神的危害は重なりあう。危険に関する唯一の客観的基準はない。何が危険かという人びとの意見はさまざまであり、容易に予測はできない。研究者が、起こりうる危険について注意深く考え、同意を求める前にそれらを説明すべきあらゆる理由がある（2、3、7章）。現在の関係の保護を繰り返し強調することは、その関係の強さと正直さへの疑問を提起している。

(8) 家父長主義的に「行う」取り組み方の危険は過小評価されるべきではない。

応答 そのとおり。そしてそれが、敬意に満ちたインフォームドコンセントが不可欠であることの理由である（7、8章）。

(9) 実践家は完全なインフォームドコンセントを与えたが、子どもはそうではなかった。スタッフは、観察され記録されるのはスタッフではなく子どもだといって安心させられた。

応答 研究倫理委員会は普通、関与するすべての人を尊重することを目標とし、特に最も関与する人、この場合は子どもに情報を与え尊重することが決定的に重要である（8章）。

(10) 観察は、経験初期の実践家が子どもと行う活動になくてはならないものだ。

応答 そのとおり。それは日常の活動の一部であるが、研究のための観察の目的は異なる（序論、1、2、3章参照）。（さらに、オプトアウト接近方法がより圧力をかける理由については3章参照。）

(11) 通常、センターから両親へのすべての注意書きは子どもに渡して家に持ち帰ってもらっているが、一つの調査場面で研究倫理委員会は、非同意用紙を、親／養育者に郵送するようにと主張した。研究者は研究倫理委員会に、郵送された手紙は両親を警戒させる可能性があり、読む能力のないものを混乱と不安な状態におき、研究者が宛先リストを見られないので、封筒に宛名を書き切手を貼って投函しなければならないスタッフに管理の手間が課せられるなどのことを理解するよう求めた。これとは対照的に、子どもが帰宅するときに用紙を渡すのは、時間とコストの節約になり、より控えめで、非公式で親しみやすく、さらに、よく読めな

い両親にはスタッフが説明できる。

応答　これらはすべて重要で有用な点であり、研究倫理委員会が、一般的な基準を実行するに当たって、詳細で事情に留意した方法で、柔軟に研究者と仕事をする価値を示している。しかしながら、「非同意」用紙は承認された働きかけ方ではなく、人びとを脅かす危険がある。適切な形式は、同意を提出するか差し控えるかに関する人びとの権利を認めるものである。

(12)　もし子どもが観察されていることを知っているなら、観察は本当に非参加的なものになりえるだろうか？　観察者は離れて立ち、アイコンタクトを避けることができる（Cohen et al., 2000）。しかし、観察者の存在そのものが間違いなく子どもの行動に影響を与える、そこで、このことについて、研究デザインとその限界の中で認められる必要がある。

応答　そのとおり。何十年もの間、観察者が壁にとまった蠅のように見えない者として振る舞うのは不可能だということに研究者は同意してきた。アイコンタクトを避け、話しかける子どもを無視することは、良い研究方法でも良い倫理でもない。もし、しばらくのちに大人と子どもがほとんど研究者を意識せず、まったく通常のように行動するようになるまでのあいだ、研究者が自己紹介をして、彼らのやっていることを説明し、質問や他の会話に答えるならば、その研究者はいっそう容易にグループに溶け込むことができる。研究者と参加者の相互作用はデータの一部であり、必ずしも「限界」ではない。その影響がないような振りをするよりもむしろ、注意深い分析によってそれらが持ちうる影響を検討し、いかにそれらが理解を増大させうるかを検討するのである。

(13)　完全な、無条件の倫理的承認が、研究が始まる前に満たされるという研究倫理委員会の主張は、倫理の概念が研究過程全体と不可分であるということを否定している。

応答　研究の10個の段階に関する私たちの本の10の章が、詳細な倫理的計画、正式な研究倫理委員会の承認、そして研究プロジェクト全体を通じて合意された洞察と基準に対する注意深い参照の価値を示しているものと期待したい。もし後で大きな変更が必要となるならば、研究倫理委員会はそれらを再審査する。もし再申請があまりに複雑で遅れるならば、研究者はより良い解決に向けて、研究倫理委員会、あるいは理事、学部長、管理者など、研究倫理委員会に対して責任ある人と交渉できることが望ましいと考える。

(14) 倫理審査委員会は、倫理的承認が得られる前に、参加候補者の所属する機関への働きかけをしてはいけないと主張する。そこで研究者は、参加者、子どもや両親／養育者と協同して研究デザインを構成する自由を得るよりも、自分たちが前もって決めたデザインを押し付けることになってしまう。

応答　もし研究者が幸運にも参加者と研究デザインを協同で構成したり、あるいは公式の試験的研究をする時間と資金提供が得られるならば、この最初の段階について、研究倫理委員会に、目的、計画、時間調整、不確実な点、含めるべき質問、参加者支援の立場、そして彼らの機関が正式の研究にかかわるかどうか、を書いた書類とともに短期の申請をすることができる。

　研究倫理基準を検査する一つの方法は、あなた自身が自分のために、あるいは子どものために、喜んで同意するか否かを考えてみることです。もしあなたが4歳児の親で、何も知らない人があなたに何も知らせることなく、あなたの子どもを研究していたら、あなたは平気でしょうか？　あなたは彼らがすることに、何らかの制限を設けたいと思わないでしょうか？　もし子どもがあなたに研究について質問をしたら、あなたはどのように答えるでしょうか？

　研究倫理委員会への申請についてコメントを寄せてくれた研究者たちは、以下の点を明確化するということについて、その利点を述べました。研究者の役割／その目的と方法／研究に関与する異なる集団に対する情報／同意と拒否に対する尊重です。主要な欠点は時間に関することで、申請に関する労力と遅延、そして研究者の立場からは無知に起因するか些末なことと思われるような研究倫理委員会の講評と問い合わせです。

　倫理審査は、厳格な科学と人道的な尊重と思いやりを比較考量すること、そして現在の研究参加者の利益と将来に恩恵を受けるかもしれない人びとの利益を比較考量する試みです。これは、研究倫理委員会が、委員構成によって、時折食い違う理由の一部です。矛盾する価値を比較考量する唯一の正しい方法があるわけではありません。合理的な、あるいは最も危害が少ない解決へ向かう活動の過程は、より高い倫理基準を開発し、いくらかの意見の一致に到達することに役立つ可能性があります。

　医療研究は研究倫理委員会の厳しい審査に通らねばならないのに、社会調査研究ではそういう審査は求められないという以前の二重基準は、今では、大学

ではおおむね解決しています。ある程度大きな子どもの慈善団体には、今では倫理委員会があります。しかし、何らの倫理審査も受けていない社会調査研究があり、多くの商業的調査や小規模機関研究、そして一部の政府機関の社会調査研究には、未だに二重基準が適用されています。研究倫理委員会が効果的であり、広く確立され、尊重されるためには、多くの社会調査研究の倫理委員会は以下の問いに対処する必要があります。そのいくつかは、医療研究倫理委員会の間でも未だに解決されていません。

- 申請する研究者すべてによって、研究倫理委員会の目的と権限がいかに合意され、あるいは少なくとも尊重されうるだろうか？
- さまざまな分野と研究方法すべてに対する、合理的な倫理基準と査定基準はいかに合意可能だろうか？
- 審査メンバーの間の葛藤と対立が、研究倫理委員会の決定を歪めることを、いかに防ぐことができるだろうか？

研究の前と最中に、倫理についての考えを促進する他の方法としては、助言グループを持つこと、また、倫理、あるいは一般的に重要な懸念を明確化し解決するために取り組む時間を割り当て、研究チームが定期的に会議を開くことが含まれます。階層的で大きな研究チームでは、年長のスタッフが若手研究者の懸念を真剣に受け止めることが不可欠です。匿名の提案ボックスがあってもいいかもしれません。チームは、困難についての公平で詳細な議論が確実に行われるよう、いくつかのチーム会議でアウトサイダーを議長に招いてもいいかもしれません。

国際的基準

マイノリティ世界の研究倫理委員会／機関審査委員会では高度な基準を要求し、他の国の研究ではほとんどあるいはまったく倫理的な調査がなく説明責任を求められないという、二重基準に対する関心が増大しています（8章のファイザーの事例参照）。国内および国際的に、審査委員会の間のネットワークは、研究熱心な国の社会学者、心理学者、文化人類学者、社会政策研究者、統計学者、経済学者の国内団体を加えて、研究倫理の基準を高め維持するのに役

立ちます。彼らのウェブサイトと最新のガイダンスはおそらく検索エンジンでうまく探せるでしょう。たとえば英国では、研究倫理委員会連合（Association of Research Ethics Committees: AREC）が雑誌を刊行し、定期的会議を開催しています（www.arec.org.uk）。保健省（Department of Health, 2004）、その他の主要な研究評議会（www.esrc.ac.uk）がガイドラインを刊行しています。「ウェルカム・トラスト（Wellcome Trust）」は、英国や外国での研究に資金提供し、重要な社会的、道徳的問いを喚起する、たとえば遺伝子研究の倫理に関するガイダンスを提供しています。国際的基準を調停することに関する仕事の多くは、生物医学研究に関するものですが、その研究内容や手順の多くは社会調査研究にも大いに関係しています。

マイノリティ世界とマジョリティ世界で行われる研究の基準を調整する仕事として、南アフリカで開催されたワークショップに基づく、ウェルカム・トラストの討論論文（2004）があります。トラストは「アフリカ健康と人口研究センター（Africa Centre for Health & Populations Studies）」（www.africacentre.ac.za）の仕事や、アフリカの生物科学に関する文化人類学の倫理研究を援助しています（Molyneux & Geissler, 2008; http://aab.lshtm.ac.uk/?q=node/47）。

またロンドンに拠点を置き、ウェルカム・トラストによる部分的資金提供を受けている、「生命倫理学に関するナフィールド評議会（Nuffield Council on Bioethics）」（2002, 2005）は、マジョリティ世界の国々における研究報告書を2つ出版し、そこで研究倫理に関して忠告しています。この評議会は、ただ一つの国が残りの国々に代わって国際的研究実施計画書を審査するのではなく、関係するすべての国で吟味するよう推奨しています。以下は2002年の報告書で研究者に示されたいくつかの基準です。

- 同意を求めるときには、地域の伝統を理解する。しばしばコミュニティとのコンサルテーションは、個々の試行調査の参加者の同意を得ることと同様に重要である。
- 参加候補者が情報に基づいて選択できるよう援助するため、情報記載書と同意書を設計する。提供される情報は正確で、簡潔、明確、単純、提唱された研究に特化していて、社会的文化的文脈にとって適切でなければならないと推奨する（2002: 6.40）。
- 書面による同意を得ることができない場合、研究者と独立した証人が、研究倫理委員会で承認された特別な書式に署名するという条件で、真正な音

声による同意を録音テープに記録する（2002: 6.39）。
- 審査者が地域の知識と利益を考慮し、研究を地域の住人に適合させることを確実にするために、研究倫理を審査する地域の能力を強化する。
- 必要に応じて、倫理ガイドラインの厳密な遵守を地域の必要性に合うように適合させる。
- ケアそしてまた試行調査後のすべてのケアに関して基準を計画する。そして関連するすべての機関 ── 研究者、保健当局、資金提供者や政府 ── の間で、初期段階で議論のある問題について合意を得る。
- 試行調査を始める前に、参加者が施行後の効果的な介入にアクセスできるよう、資金提供組織からの合意を確保する努力をする。そのような協定がないなら、その正当性を研究倫理委員会に対して示さなくてはならない（2002: 9.31）。

大量のネットワークからの他の例としては、次のようなものがあります。「英国医療研究審議会（UK Medical Research Council）」とアフリカ－欧州合同プログラムとして倫理を促進し現在の能力を見極めること、また「インド医療研究審議会（Indian Medical Research Council）」と USA（www.icmr.nic.in/guide.htm）、および「米国被験者保護局（US Office for Human Research Protections）」（www.hhs.gov/ohrp/international/）との共同研究などです。

全国的な社会調査研究倫理評議会が必要か？

近年では、資金提供者や専門家団体（参考文献参照）による倫理規定の設計、更新に関する進展があります。しかしながら、現在、倫理的問題を議論し、可能であれば問題を解決しより高い基準への促進する方向への進歩を助けるための、多くの機関、領域や方法に及ぶ、尊重されている全国的で学際的な社会調査研究評議会はありません。他方で医療研究倫理委員会は中央団体を持っています（www.arec.org.uk）。すでに述べたように、研究倫理の現在の基準を批評する人びとは、孤立していて、集合的な政治的声を持っていないと言えるでしょう。11章では、個々の社会調査研究者が自分たちだけでは解決できないいくつかの問いについて概説します。これは急速に変化している領域であるため、ガイダンスがしばしば作られては改訂されています。しかしながら、もし尊重

される社会科学研究中央評議会（social science research central forum）があれば、次のようなことができるでしょう。

- 国内および国際的政策における新しい変化を継続的に要約し統合すること。
- 重要な変化についての研究者の知識を刷新すること。
- これらの変化の実践的意味や、いかにそれらが日々の社会調査研究やコンサルテーション活動に影響を及ぼすかを説明し正当化すること。
- 合理的な基準と、倫理的葛藤への答えに合意を得る手助けをすること。
- 社会調査研究の参加者、研究者、および社会調査研究の名誉を守ることに役立つこと。
- 社会調査研究者と研究倫理委員会委員のための訓練プログラムを調整し、検証すること。
- 建設的な調整を支持し、審査の無駄な重複を避けるために（ごく最近は非常に減少した）、医療および他の研究倫理委員会と連絡をとること。

問いのまとめ

- 子どもや養育者は研究を計画し、研究の批評をすることに役立っただろうか？
- 委員会、規模の小さい集団あるいは個人が、特にその倫理的側面や子どもへの働きかけ方について、研究実施計画書を審査しただろうか？
- 研究デザインは、どのようなかたちであれ子どもにとって役立たなかったり不親切なものではないだろうか？　たとえば、子どもを狼狽させたり、屈辱や苦痛や困惑を与えるようなことについて行動したり話すよう求めていないだろうか？　子どもは騙されることがないだろうか？　リサーチクエスチョンと研究報告は、主に子どもの生活の問題と欠点についてのものだろうか？
- 批評を考慮に入れ研究デザインを改善するための余地はあるだろうか？
- 研究者は彼らの研究を正当化するために、誰に対しても説明責任があるだろうか？
- 苦情に対処する、合意された方法はどのようなものだろうか？

第二部

データ収集の段階

7章　情　　報

　研究、評価、コンサルテーションの全段階で類似した倫理的問いが重複していますが、参加者と直接面会している期間においては、特定の問いが最も急を要するものになります。これらについては2部の7章と8章で焦点を当てます。7章は、研究に参加するよう依頼された人びとが、インフォームドコンセントを与えるために知る必要のある主要な内容について要約します。すべての年齢の人びとに明確に知らせることが不可欠です。

口頭および書面による情報

　子どもと大人が情報リーフレットを読めるか読めないか、あるいは読むことを選ぶかどうかにかかわらず、それでもなお以下のことが重要です。

- 研究者あるいは仲介者／通訳は、どのような圧力も与えないように配慮しながら（8章参照）、研究について口頭で説明する時間をとる。そして、
- 研究チームは合意された短い情報リーフレットを用い、詳しく説明し、人びとが理解したことを確認する。

　チームの研究者全員が同じリーフレットや同じ地域言語への翻訳版を用いるなら、このことは、正確で、注意深く作られた、標準化された情報が与えられた、ということを保証するのに役立つ可能性があります。これは、子どもが同意について決定する前に（8章参照）自己の意見を形成することができるように（UNCRC12条）、情報（13条と17条）と、思想と良心に従う自由（14条）に対する児童の権利を尊重するものです。また、両親や他の養育者が、「発達しつつある児童の能力に適合する方法で … 指示を与え」（14と15条）、さらに「児童の最善の利益」を増進する（3条と18条）ことは、両親のもつ権利と

義務に対する尊重（20条）になります。両親が研究に参加したい子どもを妨げるという懸念はありますが、他方で危険な研究の例もあります。たとえば子どもの健康を保護するため（24条）、時には子どもの生存を確保するため（6条；Stephens 2006; www.business-humanrights.org 2009）、子どもの生活水準（27条）また発達（29条）を保護するため、また差別（2条）、虐待と搾取（19, 32、36と37条。Cooter, 1992; Sharav, 2003; Coppock, 2005; Ross, 2006; Baughman, 2007; Slesser & Qureshi, 2009参照）を防ぐため、参加を拒否したほうが良い研究があります。研究は不当にプライバシーを妨害するかもしれず、あるいは子どもの名誉や信用（17条）を傷つけるかもしれません。研究倫理委員会は準法的な委員会であり、もし研究者が訴追された場合、委員会の決定は法的証拠と見なされます。そこで研究倫理委員会は、その権限と方法においてその研究が「合法的」であることを判断する義務があります。

研究情報リーフレット

　研究プロジェクトに関する詳細を簡単なリーフレットで提示できます。これらは、参加者それぞれと研究について話し、さらに質問に答えるためにも役立つ基礎資料です。人びとに伝える情報が少なすぎたり多すぎたりする（退屈する、混乱する）ことを避ける一つの方法としては、リーフレットに中心となる基本的な情報を入れ、次に議論すべき話題は提案に留めることです。それには合理的な研究者が話すであろうこと、慎重な人が尋ねるであろうこと、そしてそれぞれの人が知りたいであろうことを組み合わせるのです。倫理委員会は、参加候補者が受け取る基礎的情報を調べることができる唯一の手段として、通常そのようなリーフレットを見ることを要求します。リーフレットを書くとき、研究者は彼らが計画の対象にしている人びとと話すことができるかもしれません。人びとはどのような質問を掲げてほしいでしょうか？　どのような用語を使うでしょうか？

　簡潔で便利な手引きとして、研究の影響を受けるすべての人にリーフレットを渡すことができます。――子どもと若者、両親と養育者、学校や研究の行われるあらゆるところのスタッフなど他の大人、あるいは、一般の質問者などです。もしリーフレットが子どもや学習困難な人びとにも十分にわかりやすければ、同じものをすべての人に使うことができます。そのようなリーフレット

は、子どもと活動したり養育している多くの大人が調査や評価、通常の査定や事例研究をするとき、あるいはジャーナリストがドキュメンタリーを制作するとき、あるいは心理学者が特別な必要のある子どもについて発言するときにもまた使えます。簡潔なリーフレットは、無視、抵抗、そして恐れさえ克服するのに役立てることができ、大人と子どもや若者の間の、より効果的で敬意に満ちた関係を促進できます。

　リーフレットはあなたが誰であるのか、何をしているのか、なぜ、どのように、ということについて説明できます。これは子どもがこれから起こることに対する準備を整え、自分でそれを統制しているという感じを増すのに役立ちます。しかし、人びとがリーフレットを読んだと、あるいは覚えていると仮定しないことが肝要です。研究者は子どもと一緒にリーフレット全体にわたって話し合い、子どもが質問するための間をたっぷりととる必要があります。リーフレットは付け加えられる資料の一つであり、議論の代わりにすることはできません。リーフレットはしばしば研究者が話したいことから始まります。しかしそうではなく、自分を子どもの立場において、彼らが一番知りたいであろうことを説明することから始めるのがより良いでしょう。

　リーフレットと、研究の参加候補者である子どもと研究者の議論は、【ボックス7.1】の詳細を含むかもしれません。これらのいくつかは、以前の章でも扱いましたが、ここではそれらを、参加者に説明する項目として挙げました（「危険－利益」については【ボックス2.1】、「プライバシー」については3章、「同意と拒否の権利」については8章も参照）。

【ボックス7.1】題目、テーマ、目的

題目

　正式な題目とは別に、研究には、簡潔な、わかりやすい、実用的な題目があるだろうか？「4～11歳の子どもに対する学校外の対策に関する地方自治体社会福祉事業部の委嘱による調査」という題目では、まったく魅力的ではない。子どもはクラブが学校とはできる限り異なることを好むと強調しているので、彼らのセンターを「学校外」から［宮殿］に改名することもできる。「宮殿プロジェクト」はより多くの関心を引き付け、若者がいっそう関与していると感じるのに役立つだろう。

テーマ
主要なテーマ領域は何だろうか？
主要な問いは何だろうか？
16歳未満の多くの若者はホームレスになる。
私たちは彼らから、どのような種類の援助を必要とするかについて聞きたい。

あるいは：
毎年、多くの若者が彼らの学校から締め出されている。なぜこのようなことが起こるのだろうか？　私たちは若者、両親、先生に彼らの意見を求めている。

あるいは：
この学校の一部の人びとは数学に問題がある。私たちは新しい数学コースを試してみたい。あなたは私たちを手伝ってくれますか？

目的／ねらい
上記の問いを尋ねる意味は何だろうか？
研究者は何を達成したいのか？　政策に情報提供するために知識を加えることだろうか？
研究にはどのような価値があるのだろうか？
結果はどのように子どもの役に立つ可能性があるだろうか？（たとえば？）
他の研究がまだ答えていない、どのような新しい問いをこの研究は問うのだろうか？

【ボックス7.2】研究の間に何が人びとに起こるのだろうか？

- 研究はどのくらい長くかかるだろうか？
- それぞれの人はどのくらいの時間かかわるのだろうか？
- どのくらい多くのセッションが、どこで行われるのだろうか？

- セッションはどのくらいしばしば行われ、どのくらいの時間がかかるだろうか？

方法
- どのような方法が使われるのだろうか？（たとえば、テープ録音するインタビュー、調査、数学プログラム、コンサルテーションセッション、観察、フォーカスグループ、質問紙、無作為試行。）
- どのような種類の質問が尋ねられるのだろうか？ オープン・クエスチョンか、クローズド・クエスチョンか、あるいは両者の併用か？ 経験を問う質問か、あるいは意見を問う質問か？ 公のことがらを尋ねるのか、あるいは個人的なことがらを尋ねるのか？
- 研究方法を説明し、正当化する必要があるだろうか？ たとえば、
  - 「無作為化」、「統制群」などの関連する研究用語が説明されるだろうか？
  - 選択された方法が良いとされた理由は何だろうか？

【ボックス7.3】データの使用

- 各人のデータが使われる確かさはどれほどだろうか？
- 質的報告で、たとえば、一部の人びとはとても短く報告されたり、あるいはまったく報告されないことがあるだろうか？
- もし希望すれば、確認や保管のために自分のインタビューを文字に書き起こした記録が送付されるだろうか？
- 写真や描画は返却されるだろうか？
- 報告が書かれるとき、特に、もし誰であるかが特定されるであろう場合や、研究者の「結論」に参加者が納得できないとき、意見を求められるだろうか？

> 【ボックス7.4】さらなる情報
>
> 連絡先
> リーフレットには、次の氏名が含まれなければならない。
>
> - 研究者の氏名と電話番号／電子メールアドレス。
> - 研究拠点の完全な住所。
> - 資金提供者。
> - もし関連があれば、研究倫理委員会と承認されたプロジェクト番号。
>
> 研究倫理委員会がリーフレットに求めること
>
> - 研究が直接の利益を提供することができないことの陳述。
> - 考えられる危険あるいは危害の説明。
> - 研究者の「損害賠償」についての詳細 ── もし深刻な危害が生じたときに誰が費用と賠償を払うかであり、これは社会調査研究よりも医療研究にかかわる。

リーフレットのレイアウト

　明確に書かれレイアウトされた情報がすべての関係者にとって役立つのは、次の点においてです。

- 研究についていっそう完全かつ明確に議論すること。
- 研究者にどのような質問をするかを決めること。
- 研究者の話した情報を理解し、覚えておくこと。
- 研究に期待される利益と起こりうる危険あるいは負担について知ること。

　リーフレットはすぐれた研究に対する、情報に基づく公の援助を増大させるのに役立ちます。それらは資金提供者や、研究を査定する他の人びと、たとえ

ば倫理委員会の委員にとっても以下のように役立ちます。

- 研究に関して、重要な点を迅速に明確に見出すこと。
- 研究の価値や研究者の参加者への態度を査定すること。

　リーフレットの語調や形式は、しばしばそれが読み手に親切なものとして感じられるかどうかということの良い指標となります。
　リーフレットは子どもでも読めるように、あるいは誰かが読んであげたら理解できるような言葉で書かれる必要があります。A4サイズの色のついた紙を折ってA5サイズの4ページにしている研究もあります。新聞でわかるように、小さなコラム欄にするといっそう読みやすいでしょう。プロジェクトのロゴを付けたり、絵、流れ図、クモの巣グラフ、吹き出しなどの役立つ楽しい図表や、研究者の小さい写真を付けてもいいでしょう。白か淡い艶消し ── 光沢ではなく ── の用紙の上に大きな濃い色で印刷すると、読みの遅い人だけではなく視力の弱い人にも役立ちます。メッセージを短い部分に分割して、小見出しを付けたり、質問応答形式にするのも彼らに役立ちます。複雑な研究のためには、より完全な詳細を書いた用紙をリーフレットの中に挟む込むことができます。
　明確なリーフレットは、研究者が考え、書きたいと思っていることを若者の好む言葉で示し、さらに研究者と共通の言語をほとんど読めない人びとを考慮に入れていることも示しています。簡素な言葉は雑で簡単すぎ、人を見下し、いらいらさせる危険があります。しかし混乱させ、威圧する言葉を用いることよりはましです。明確なリーフレットは、以下のように書かれます。

- 短い行、単語、文や段落。
- 1文に一つの主要な考え。
- 命令文よりも要請文。
- 受動態（約束が確保されます）よりも能動態（私たちはあなたに会います）。
- 間接的（彼ら、それら、彼あるいは彼女）ではなく個人的（私たち、あなた、あなたの姉妹）な働きかけ。
- あいまいにするのではなく詳細を特定する。

　リーフレットは、繰り返し、否定的言い回し（…しない）、疎外するレッテ

ル、説明なしの学術用語や頭字語を避けます。学習困難な人びとのために マケトン（Maketon）などのサイン言語を使ってリーフレットを書く研究者もいます。視覚障害者のために点字や音声録音された情報、弱視者のために大きな文字の印刷も用いられます。

研究情報リーフレットの例

　126 〜 129ページに、情報を伝えるのが最も難しい集団である、幼児のために設計されたリーフレットの例を載せました。研究者は3歳から12歳の子どもにインタビューをしましたが、子どもが望む場合は両親も一緒にインタビューしました。研究者は、思いつく限りの、子どもが知る必要があり、知りたいと思うことを子ども向けに説明した、子どもたち自身が読み、より幼い子どもの場合は両親／養育者が一緒に読むための、明快なリーフレットを目指しました。

他の言語によるリーフレット

　翻訳は、明確で正確かどうかや、その語調や形式を確認するために、2 〜 3人の読み手によって点検される必要があります。一人に文章の翻訳を依頼し、もう一人にそれを逆翻訳してもらいます。他言語のリーフレットは、単独では使用せず、仲介者あるいは翻訳者とともに使う必要があります。そうすることで参加者は、彼らの意見を研究者と共有できます。通訳者は、うまく選ばなければ、議論を助けるよりも妨害するかもしれません。彼らの年齢、性別、共感性、依頼者への尊重、聞く技術と研究に関するいくらかの知識がとても大切です。ほとんどあるいはまったく研究者と共通の言語（ここでは英語）を話せない人びとに関する研究では、その支援に関する資金提供が含まれなければなりません。地域多文化教育助言部局があれば、役立つ可能性があります。しかしながら、どの方言を用いるかに関する問題が依然としてあり、そこで地域のコミュニティ集団が助けになるかもしれません。ある大規模研究では27の言語の通訳者がかかわりました。追跡研究では、研究者は通訳者自身がインタビューを実行できるように、そして研究チームの正規のメンバーになるように

訓練しました（Oakley et al., 2003）。図表、流れ図や他の視覚的説明は、言語の障壁を克服するのに特に役立ちます。

半識字社会における情報

　私たちは、この章で最初に、研究チームが、同一の基礎的リーフレットあるいは地域用に翻訳されたリーフレットを共有することの重要性に言及しました。もし、参加者のほとんどがリーフレットを読まないならば、研究者は情報を話し言葉で説明することによりいっそう頼るので、研究に参加するよう人びとを招く前に、訓練や練習をしておくことが役立ちます。研究者全員のために、遵守すべき倫理基準を含む手引書を用意する研究チームもあります。

　「若者の生活（Young Lives）」（2006: 12）のフィールドワーカー指導手引書では、研究者に、子どもとの話し方について助言し、「あなたがなぜそこに居るか、なぜ彼らにインタビューをするか、情報が何のために用いられるか、彼らにわかる方法で説明する」よう勧めています。質的研究者は、研究が参加者の生活に変化をもたらす可能性に限界があることをはっきり認識していることが期待されています。そこで地域の言葉での翻訳を用いて、以下のように子どもに説明します。

　　「若者の生活」はインド、ペルー、ベトナム、エチオピアの4つの国で成長する子どもの研究で、15年以上続いています。私たちは子どもの日常生活について知ろうとしています。あなたのすること、あなたの生活で重要な人びと、それらがあなたの感じ方にどのように影響するかなどについてです。あなたが話し、書き、描いたことの一部は私たちが書く報告書で使われるでしょう。地方および国が、将来の子どものための計画や支援を立案する時に、その報告書が役立つことを期待しています。私たちの研究は短期間にはものごとに変化をもたらさないかもしれません。それは地方および国の政府に依存しているからです。（Young Lives, n.d.: 1）

病院スタッフが家庭に郵送した、子どもと両親のための情報リーフレット

糖尿病とともに生きる

研究プロジェクト
2003年8月～10月

このリーフレットはお子さんとそのご両親のためのものです

差し支えなければ、私たちの研究を手伝っていただけませんか？

このリーフレットはプロジェクトについて少し詳しく説明しています。プロジェクトに参加するかどうかを決める前に、一緒に考えることができるよう、あなたが知りたいと思われるだろう疑問と、それへの私たちの答えをここにまとめました。

もしあなたがより詳しく知りたいときや
このプロジェクトに参加したいと思ったときは、
どうぞ私たち、ケーティまたはプリシラにご連絡ください。

Katy Sutcliffe（電話番号と電子メールアドレス）
Priscilla Alderson（電話番号と電子メールアドレス）
（住所）

どうして研究をするのでしょうか？

　ご存知のように、健康を維持するためには、どのように自分自身に気をつけるかが大変重要です。しかし、これまで、研究者は、子どもが、自分の糖尿病の治療にどのように参加しているのかについてあまり尋ねたことがありませんでした。

　私たちは、少年少女の皆さん、ご両親や養育者の方々、さらに保健スタッフの皆さんのお話を伺い、ご意見についての報告書を書きたいと思っています。

　その目的は、お子さんやご両親が毎日糖尿病と闘う中で発見した、うまくいく治療の種類について、家族や健康管理スタッフが理解を深められるように役立てることです。

この研究プロジェクトで、どのようなことが尋ねられるのでしょうか？
* 糖尿病の少女少年は、何をいつ食べるかを決めるなどの日常の健康管理に、どのように参加していますか？
* 血液検査をしてもよい年齢はいくつだと思いますか？
* 糖尿病に関して何か問題がありますか？　もしあるなら、あなたやあなたのご両親はどのようにそれを解決しようとしていますか？
* あなたが糖尿病だといつ知ったか覚えていますか？　それ以来、特に健康管理に気をつけるようになったことがありますか？　さらに気をつけるようにしたいことがありますか？
* どれがうまくいったと思いますか？
* 糖尿病の人に、どのようにアドバイスしますか？

この研究プロジェクトに参加するのは誰ですか？
X病院の10人の少年少女
さらにY病院の10人の少年少女と彼らの両親
年齢グループは3〜6歳と10〜12歳です。
B医師が、あなたの病院で、参加を要請する子どもを選びましたが、B医師は私たち研究者に名前を知らせていません。

参加しなければいけないのですか？

　あなたが、参加したいかしたくないかについて決めます。

　たとえ「はい」と言っても、いつでもやめることができます。

　そして、私たちに、中断したいとか、いったん休みたいなどと言うことができます。

　もし答えたくない質問があれば、「パス」とだけ言ってください。話したいこと以外は、何も言う必要はありません。そして、あなたが「いいえ（質問に答えない）」や「まって（質問を止める）」と言うとき、その理由を言う必要はありません。あなたが私たちに協力するかどうかにかかわりなく、病院ではこれまでとまったく同じ治療が続けられます。

　もし参加すると、何が起こりますか？

　あなたが同意するなら、私たちのうちの一人があなたの家か、クリニックであなたに会い、あなたと、お母さんかお父さんと話します。あなたの話をテープに録音したいと思います。何かゲームをするかもしれません。そして私たちと15分から60分の間話します。私たちは答えが正しいか間違っているかを知りたいのではなく、聞きたいのはあなた自身の考えです。後で、私たちが他の子どもたちのために書く予定の質問冊子をあなたに試してもらうようお願いするつもりです。

　参加したとき、何か問題が起こる可能性がありますか？

　あなたが快適に私たちに話せるよう望んでいます。自分の生活について話すのが苦痛になる人もいますが、やめたければ、すぐ中止します。要望があれば、援助してくれる人びとに会うようにすることもできます。この研究プロジェクトについて何か不満があるときには、遠慮なく私たちか、B医師にお話しください。

　研究をすることは私の役に立つのでしょうか？

　あなたが私たちを快く手助けしてくださることを期待しています。しかし、私たちの主な目的は、将来、とても多くの家族を助けるような報告書を書くことです。あなたにも、その報告書が役立つことをわかっていただけるとよいと思います。

私が研究に参加したかどうか、あるいは私が話したことが、誰かにわかりますか？
　B医師は、あなたが研究プロジェクトに参加したかどうかを知るでしょう。しかし彼や他の誰にも、あなたが私たちに話したことは話しません。
　この約束を破らなければいけないかもしれない唯一の場合は、あなたや誰か他の人に危害が及ぶ危険があると思われるときです。そういうときには、私たちは最初にあなたに、あなたが行うのが最も良いと思われることについて話します。
　私たちは録音テープやあなたについてのノートを、鍵のかかる安全な場所に保管し、研究プロジェクト終了後には、あなたを特定できる詳細を削除します。
　あなたの意見について報告書に書くとき、誰もあなたがそのように言ったとわからないように、あなたの名前を変えます。

　研究結果について知ることができますか？
　私たちはあなたに、2004年の春に、短い報告書を送ります。もしあなたが見たければ、長い報告書も送ります。
　この研究プロジェクトは社会科学研究団体の補助金によって資金提供されています。
　これはX病院の研究倫理委員会によって承認され、プロジェクト番号は405です。またB医師によっても承認されています。
　研究者 プリシラ と ケーティ が研究を実施し、健康管理と教育に関する子どもと両親の意見についての報告書と本を書きます。

　参加する場合、このリーフレットと同意書のコピーを保管してください。

　2003年6月、リーフレット第1版。

**　このリーフレットをお読みいただいてありがとうございます。**

適切な研究か？

　世界の多くの地域において、次のような3つの独特な観点のために人びとは研究とは何かについて、必ずしも理解していません。第一に、最低限の生活と家族のケアと生存という重い実際的な必要性のせいで、どうやって、そしてなぜ、他の人びとがそれ自体を目的としているように思われる見解や話し合いに集中できる時間とお金があるのかを想像するのが困難な可能性があります。第二に、基礎的教育を受けただけの人びとは、研究の知識と理論、データ収集と分析の性質や目的をほとんど理解することができません。第三に、非常な貧困地域の大人や子どもは、非営利民間組織（Non-Governmental Organization: NGO）との経験から、訪ねてくる大人は何かしら子どもを「救う」ために来ると期待します。アベベは、自分は研究者だと説明したにもかかわらず、「もし子どもが首尾良く何か組織に加われば、それは家庭に対する重要な収入源になる」と見なされると指摘しています（Abebe, 2009: 456）。

　エリック・オリエノ・ニャンベダ（Nyambedha, 2008）もまた、西ケニアにおけるエイズのまん延が孤児に及ぼす影響に関する長期研究において、大人が彼に次のように尋ねたと述べています。

> 　孤児を研究した後、彼らに何をするつもりか？　と尋ねた … 多くの人びとは私の提案した研究が孤児を「引き受ける」かどうかを知りたがった …（kawo nyithind kiye）は近隣コミュニティの多くのNGOの活動を指す言葉で、学費を払ったり、制服を買ったりして孤児が学校に行くのを援助することを意味している … エイズに冒された人びとの生活条件のせいで、研究地域の多くの人は、欧州の組織に密着して働いている誰かが援助を提供することもなく、孤児に …［そして彼らの未亡人になった母親に］彼らの生活について尋ねるためだけにはるばるとナイロビから来ることがあるとは信じられなかった。（Nyambedha, 2008: 773-4; また Morrow, 2009 も参照）

　孤児という言葉は片親が亡くなっていることを意味し、必ずしも両親が亡くなっていることを意味しません。いくつかの国では、個別の子ども−親関係、両親の法的権利、代理同意が大変強調されています。他の国では、数人の養育者がいて、個々の親はあまり強調されないかもしれず、このことは、子どもと

ともに行う研究に対する大人の同意を得る研究者の取り組み方に変化をもたらすでしょう。

研究を通じて交換される双方向の情報

　倫理ガイダンスでは情報が一方向で与えられるものと考えがちです。つまり研究者が参加候補者に情報を提供するものと考えています。しかしもしその過程が双方向で、研究者が参加者に聞き、誤解を見出し、そして彼らと一緒に、研究をどのように改善しうるかを話し合うならば、もっと有益なものとなります。データ収集の場合は、子どもや若者が研究者に情報提供することを主に意味します。そして研究の終わりの頃には、研究プロジェクト全体を通して注意深く計画された、相手を尊重する交換の一部として、研究者が彼らに報告を返すことができます（【ボックス7.5 〜 7.7】）。

【ボックス7.5】研究全体を通じての尊重

　エイドリアン・カッツ（Adrienne Katz）、「ユースワークス・コンサルティング（Youthworks Consulting Ltd）」責任者、「若者の声（Young Voice）」の創設者・前常任理事

　私たちは、私たちと平等な人としてそしてコンサルテーションの受け手として若者と協同することを目指しています。私たちは、専門機関や専門家、政策立案者と並んで若者に研究の最初の計画段階から関与してもらいます。調査の実施前に若者と試験調査をします。
　彼らと私たち研究者にとって安全で合理的な限り、私たちは若者とのインタビューのためにどこにでも行きます。私たちはいつも軽食と交通費を彼らに提供します。若い犯罪者や囚人の両親に関する研究では、プライバシーを守るために、同じ家族／関係者の個々のメンバー、たとえば若い男性、彼の女友達、彼の母親などと話すためにできるだけ異なる研究者を送ります。そして研究者は、インタビュー相手に会う前には内部的な知識を持っていません。不注意に関係を傷つける恐れがあるときには、私たちは、親せきが互い

をそれと認識しないように、報告書では仮名や他の偽装を用います。

　私たちは彼らがメディアによって特定されないよう保護します。そこで、たとえ学校や警察が私たちに違法薬物を使っていると言ったのは誰かを尋ねたとしても、私たちは記録を持たず、守秘性を構築します。氏名と個人情報の詳細はすべての他のデータと分けて保存します。（私たちは、学校で教師が私たちの調査に対する人びと回答を読むのを防ぐため、自治区の投票箱を用いました。）

　私たちは調査結果と報告書の中で若者の意見を代弁します。最近では映像で若者を取り上げ、研究のメッセージを伝えました。守秘性を侵害しない限りにおいて、若者は私たちの研究結果を研究集会で発表します。私たちは常にこれらの原則を改善するために努力し、それを遵守しない相手とは研究を行いません。（さらに9章と【ボックス9.1】参照。）

【ボックス7.6】子どもと喫煙 ── 参加者による検証

　ベス・ミルトン（Beth Milton）

　私の、博士学位請求のための喫煙に関する縦断研究（【ボックス8.6】参照）の最後の頃、私は、研究結果についての年齢にふさわしい概要を11歳の参加者のフォーカスグループに提示して、その結果について話し合い、確認できるようにしました。私は、結果がデータの妥当な解釈かどうかに関する彼らの思慮深い議論や意見にとても感銘を受けました。この議論からいくつかの重要なテーマが付け加えられ、私の分析をとても豊かにしました。私は他の研究者も、参加者による検証をするよう強く推奨します。

【ボックス7.7】「子どもの都市環境における経験」に関する最終報告に情報を与えるための検証

　研究者と各クラスは、研究結果の短い初期報告について論じました。子どもは彼らの意見が公正にそして正確に表されているか否かについて話し、そ

して時折彼らが強力に主張した、報告から落ちている意見について話しました（一つの例は、生徒と先生の難しい関係です）。彼らは研究がどのように用いられるのかを知りたがり、彼らの議論は最終報告書に情報を与えました（Morrow, 2001）。

報告を返すこと、そして別れを告げること

【ボックス7.6〜7.7】では若者と一緒に結果を確認する方法について述べています。【ボックス7.8】は、彼らとコミュニティの人びとに報告を戻しともに考える方法、それは、研究期間中に育んだ研究者と子どものとても親しい関係を終わりに導く方法でもありますが、その最終段階について述べています。

【ボックス7.8】報告することと内省すること

　長期研究の間、「若者の生活」の研究者たちは、提供した情報がどうなっているかを知りたがっているコミュニティの人びとに定期的に報告を返します。会合のときに、予備的結果を見やすいかたちで提示し、人びとが提供するデータの有用性が強調されます。さらなる情報、たとえば、ペルーの栄養状態について、エチオピアの地域事業についてなどが与えられます。研究者たちはまた、チームが研究からのメッセージをどのように政府に伝え、変化を促しているかを説明します。しかしながらこれは、政府や地方の政策担当者が研究結果に注目する可能性と、縦断研究の場合、研究結果が政策に反映されるまでの時間についての疑問を提起します。一部の国では、家族は研究を積極的に支持するものの、政府には不信感を持ち政府に放棄されたと感じており、研究が貧困から解放するのに役立つという主張には懐疑的です（Ames, 2009）。

　何人かの子どもは研究がよく考えることを促すことに気づきました。インドでは、ある少年がグループ討論について意見を述べました。── 今まで、子どもが集まって問題を話し合うのを … 見たことがなかった。誰もこのように子どもと議論したことはなかった。研究者たちが私たちと一緒に話し合ってくれて嬉しい。以前は、誰の前でも自分の意見を自由に話さなかった。でも今は、私たちはあなたのような人びとの前で怖がらずに自分の意見

> を言うことができる。そしてこれは私たちが勇気を持つことに役立ち … 年長者との話し方がわかるようになった。(Vennam & Komanduri, 2009: 5、およびNyambedha, 2008, p.95 参照)。

　研究者はすべての参加者に、個別の短い印刷された報告書か電子メールを送ることができます。あるいは彼らと結果について討論をするために戻ることもできます。あるいはクラスや廊下や若者クラブで掲示するように、結果を掲示ポスターにして送ることもできます。これには円グラフや棒グラフを含め、学校に関する結果の重要な部分について短い説明を付けたり、より大きな研究では、それに加えて、研究プロジェクトに含まれるすべての学校や他のグループからの結果をすべて含めることができます。報告書についての会議を開いたり報道発表をする研究者は、研究参加者を招いて、時には公式に話をしてもらうかもしれません。

　研究過程の早い段階から情報を共有する主要な目的は、人びとが有効に情報に基づいて同意や拒否を与えることができるよう保証するためです。それが次の章のテーマです。

問いのまとめ

- 関与する子どもや大人は、研究の目的や特徴、方法や時期、そして予想される利益、危害と結果に関する詳細を与えられるだろうか？
- もし研究が2つ以上の複数の支援や製品を比較検証することを目的とするなら、それらはできるだけ明確かつ詳細に説明されるだろうか？
- 「同意」のような研究の概念が明確に説明されるだろうか？
- 子どもは彼らの第一言語で明確に書かれた用紙やリーフレットを保存するために渡されるだろうか？
- 研究者も、必要に応じて、通訳者と一緒に、研究について説明し、質問することを子どもに促すだろうか？
- リーフレットには研究チームの氏名や住所が入っているだろうか？
- 子どもが、意見を言ったり、質問したり、苦情を言いたくなったら、どのようにすれば研究者に連絡できるだろうか？

- もし子どもが情報を与えられないならば、このことはどのように正当化されるだろうか？

8章　同　意

同意の尊重は1章から7章を通しての主題でした。研究の注意深い計画、そして子どもや若者に情報提供をしたり、彼らとやりとりする方法はすべて、彼らが参加するか否かという問いにつながっています。これは彼らにとっては決定の時ですし、研究者にとっては退いて、待ち、傾聴する時です。

この章は、「同意」の意味、同意する能力のある有能な子ども（competent children）を尊重する法的基礎、さらに親としての責任を持つ人びとの同意について概説します。子どもの能力を査定する方法、意思決定における彼らの関与の程度を査定する方法について、そして子どもに同意を求め、子どもの同意を尊重するための方法と理由について議論します。

同意と権利

7章では、情報提供することが子どもの「国連児童の権利条約（UNCRC）」の権利といかに関連するかについて述べました。子どもと親に情報提供することは、しばしば彼らの同意を求めることという異なる段階と混同されます。彼らの同意や拒否を尊重することは、以下の「国連児童の権利条約」の権利を遵守することです。思想と良心の自由（14条）および子どもの意見を聞くこと（12条）。親が最も幼い子どもに有利に決定し、年長の子どものために手引きし、援助するときに、彼らは「子どもの発達しつつある能力に適合する方法で…子どもに指示を与える」という親の権利と義務（14条および5条）を満たし、さらに彼らは「児童の最善の利益」を促進（3条および18条）するべきです。同意や拒否を尊重する義務を与えることは、不利な立場にいる集団を差別することを防ぎ（2条）、虐待や搾取の危険を防ぎ（19、32、36、37条）、プライバシーへの不法な干渉や、子どもの名誉や信用への攻撃を防ぎます（17条［訳注：現16条］、さらに10章で議論します）。ビーズリーほか（Beazley et al., 2009: 370）もま

た、子どもは「適切に研究される」(12、13、36、および3条の引用) 権利を持っていることを示唆するために、国連児童の権利条約UNCRCの条項を引いて次の提案をしています。つまり「研究の観点からこれは次のように言い換えられる。子どもが研究に参加するときには、子どもが彼らの判断、意見、経験を表現しやすくする方法を用いること、そして危害から保護されること」を提案しています。

　同意に関する大部分の文書は、医学的治療や研究に対する同意を意味しますが、私たちは、どのような種類の同意に対しても、尊重、信頼、明確な情報、および適切なコミュニケーションに関して等しく価値づけられるよう提案します。倫理的研究は参加者の同意、つまり参加者が情報を与えられて自由に答えた「イエス」、あるいは「ノー」を、非常に真剣にとらえます。十分に情報提供されるなら、子どもたちは、同意の手順の要点や、必要に応じて「ノー」と言う自由を明確に理解できます。

　低い危険度の単純な研究と高い危険度の複雑な研究とを見極める単一の方法はないということが、同意に関する共通の基準を支持する一つの理由です。一部の子どもにとっては、冒険公園を開けておくことを目標にした小規模な研究が、薬品の検査試行と同じくらい重要で、敏感に反応し、心配させられるものかもしれません。一部の小規模研究は一部の大規模研究と、まさに同様に侵襲的で無作法なものでありえます。

同意の意味

　同意には悲劇的な歴史があり(【ボックス1.4】、【ボックス1.5】参照)、だからこそそれが以下の同意の意味を説明するのに役に立つのです。

- 同意は倫理の中核となる行為です。有効な同意は、適切に情報提供され (世界医師会WMA, 1964/2008)、かつ、強制や、威嚇や説得などの圧力を受けることなく自由に与えられたものである (ニュルンベルク綱領 Nuremberg Code, 1947)。
- 人びとの同意や拒否を尊重することは、社会調査研究者によって騙された、搾取された、恥をかかされた、あるいは不当に扱われたと彼らが感じるような、危害や虐待を防ぐために役立つ。

- 研究者と参加者は、「危害」に大変異なる定義をするかもしれない。そこで、同意の過程は、どのような違いであれ、それを明確にする期間である。研究者は危険に関する新しい洞察や、おそらくそれを減少させる方法を見出すかもしれない。
- その後、参加候補者の人びとは、何らかの危険や負担にもかかわらず、研究に参加する価値があるか否かを決定する。
- 小規模な研究に参加するかどうかの意思決定のためにこのような過程を経るのは、かなり極端なことに感じられるかもしれないが、同意の尊重は、研究者と参加者の間のすべての関係に対する尊重の基準を定めるものである。
- 同意は、他のすべての権利に影響する。それは、選択肢から選んだり個人的な好みを反映させたり、交渉したり、それらを受容または拒否することに関係している。選択することを超えて、同意は決定すること、そして決定に自己関与するようになることを必要とする。
- 同意に関する多くの研究は、人びとが与えられた情報をいかに想起し、語るかということについて査定しているので（Hastings Center, 2002）、それは実際には同意というよりむしろ情報についての研究である。単に情報が与えられることではなく、同意とは情報を評価し、意思決定する不可視の活動と、決定を表明する可視の活動である。インタビューや調査に参加すること自体によってなど、同意は暗に意味されるかもしれない。コンサルテーションと社会調査研究は、質問に答えてもらうなど参加者の積極的な協力に依存している。そしてこれは暗黙の同意と見なされるかもしれないのである。しかしながら、人びとは、研究の一部、あるいはすべての部分に参加することを断ったり、中止したり、同意したりすることについて尊重される機会が与えられない限りは、「いいえ」と言うことを恐れたり、とても当惑するかもしれないのである。
- どのような研究においても、人びとのために、さらに質問したり、意思決定したり、「はい」や「いいえ」を言うことができる時間を設けなければならない。同意は口頭で話されるか、あるいは同意書に書かれるかする。研究者は口頭の同意を録音するだろう。参加者は保存用の同意書のコピーや情報のリーフレットを手元に保存しておくべきである。同意書には、養育者と子どもそれぞれが署名する欄があるかもしれないが、子どもによっては書面ではなく口頭の同意を好むかもしれない（Alderson, 2007a）。

- 同意は一つの事象への一回限りのものかもしれない。しかし繰り返し観察、縦断研究やアクションリサーチ、試験（医療試験を含む）などの、より長期間の研究に対しては、さらにはインタビューや質問紙の最中であったとしても、人びとは気持ちを変えたり、離脱したり、いくつかの質問には答えるが他には答えないなどの権利を持っている。彼らに対してこの権利は明確にされなければならない。

オープンエンドの研究への同意

　私たちが本書のための事例を収集していた間、一部の研究者は、オープンエンド（非制限的 open-ended）の調査やエスノグラフィー研究を行うときには、研究者自身も最初は研究がどの方向に向かうかわからないので、インフォームドコンセントを得るのは不可能だと主張しました。しかしながら、インフォームドコンセントに必然的に伴う参加者への尊重を制限する必要などはなく、オープンエンドの研究や調査はそのような尊重をむしろ増大させることができます。研究者は、事前に厳密に計画された研究において可能である以上に、オープンな研究で参加者といっそう十全に協同することができます。それは、研究者が参加者に、広く自由に変化する方向、研究課題を絞り込んでいく手順、後の主題や問いを選別する手順について報告し続け、参加者に中心的な関与をしてもらうことによって、可能になります。研究者は多くの参加者とかかわることもあれば、限定的な範囲あるいはより小規模な助言グループとかかわることもあります。

アセント

　ガイダンスではしばしば、子どもの「アセント（assent）」について触れられており、特に米国には多くの文献があって、そこでは子どもは「成熟した未成年者（mature minors）」と見なされない限りは、18歳ないし19歳になるまでは、通常法的に有効な同意を与えることができないと見なされています。米国や欧州の委員会の著作物やガイダンスでは、「子どもは同意を与えることができない」と見なしがちです（EC, 2001; Miller, 2004a; NIH, 2007）。ロス（Ross, 2006:

87）は、「小児科の研究では、インフォームドコンセントは、親の許諾と子どものアセントという2つの要素を含む」と述べています。ロス（Ross, 2006: 88）は、米国では、親の許諾と子どものアセントの放棄が被験者の権利と福祉に悪影響を及ぼさないならば、また放棄なしにはその研究を実際に実行できないならば、そしてしかるべきときにいつでも被験者が参加後に適切な追加情報を与えられるならば、親の許諾と子どものアセントは「危険が最少の研究では放棄されうる」と付け加えています。言い換えるなら、米国では同意のいらないコバート研究（covert research）が許容されているのです。それは、たとえば英国社会調査研究ガイダンス（英国社会学会 BSA, 2002; 英国心理学会 BPS, 2009）においても同様ですが、英国では（IRBが）同意手続きの放棄を許容するのは、研究にとってそれが必須だと考えられる時に限ってだと研究者は警告されています。米国のガイダンスは、以下に示すようにアセントについて曖昧に仮定するという困った問題の例といえます。たとえば「もし研究に含まれる介入や手順が（子どもの健康や福祉にとって重要な）予想される直接的な利益を提供し、それが研究に参加した場合にのみ得られるならば」（DHHS, 1991, CFR s46, 408a; FDA, 1997, Ross, 2006: 220-35）このような場合に（IRBは）アセント手続きを放棄したり無効にできるとされています。これは同意手続きを放棄したり無効にできる同意の非常に弱いバージョンに相当します。米国のガイダンスではこのような意味でのアセントに限り、すべての子どもが同意ではなくアセントを与えることができるとしているのです。この規則は研究対象となっている支援を提供することと、それとは区別されるべきデータ収集、分析、報告という研究過程とを混同しています。二重基準に関する後述の節を参照してください。

　私たちは3つの理由で、アセントという用語を用いませんでした。第一に、アセントは同意（consent）を与える法的権利がない未成年者による合意（agreement）を意味しています。しかし英国の法律──イギリス連邦の54の国々に影響力を持っています──は、ギリック（Gillick）判決に見られるように独特です。10人の子の母であるギリック夫人は、母親自身が知らされることも同意することもなく、16歳未満の彼女の子どもに地区保健医療当局が（避妊）診療や助言を与えないよう保証させるために、当局を訴えました。最終的に、判事はギリック夫人を敗訴とし、現在では、当初より夫人自身が同意していない考え方の方に皮肉にも彼女の名前がつけられています──法的に有効な同意を与えることのできる、16歳未満のギリックの有能な未成年者（the Gillick competent miner）。判事はギリックの有能な未成年者とするには若すぎる

という理由では、どんな子どもも他と区別して除外しませんでした。そこで、情報に基づいて、「賢明」にギリックの有能な判断をすることができる子どもは、アセントではなく、同意／拒否を与えているのです。第二に、アセントは、同意のために必要な主要問題のすべてではなく、一部のみを理解する子どもによる合意を意味します。私たちは部分的な情報の開示に基づく決定をそもそも決定と見なしうるのか、あるいはアセントのような偽りの擬似－法的立場をとるべきなのか疑問に思います。第三に、アセントは「少なくとも拒否していない」ことを意味しています。しかし、子どもが拒否するにはあまりにも恐れ、混乱し、無視されているときのように、拒否しないことは実際に同意していることとは大変異なる可能性があります。そこで、「アセント」という用語は、子どもの拒否を覆い隠すために悪用されるかもしれません。

同意と法

　保健医療研究者や多くの社会調査研究者は、研究倫理委員会／機関審査委員会によって、「ヘルシンキ宣言（the Declaration of Helsinki）」（WMA, 1964/2009）を読み、それらの基準の遵守に同意したことを明言するよう求められます。世界中の国や専門学会の研究倫理ガイドラインは「ヘルシンキ宣言」のインフォームドコンセントの基準を基礎とする傾向があります。たとえば英国の政府のガイダンス（DH, 2005: 2.2.3）は、同意は倫理的研究の心髄であると述べ、同意を得るための「適切な手続き」を求め、省庁によって資金助成された保健調査および社会調査研究に対して、倫理委員会による手続きの審査を求めています（欧州全域については EC, 2001; DH, 2004 20/EC 参照）。ブレイザーとケイヴ（Brazier & Cave, 2007: 422-425）は欧州臨床試験ガイダンスと研究倫理委員会のための本部である COREC（the Central Office for Research Ethics Committees. COREC, 2001: 9,17c）のガイダンスが「子どもに対する同意の手続きについて何も述べていない」ことに驚いています。臨床試験以外では、ギリックの有能な未成年者をもっと尊重しています（RCPCH, 2000; MRC, 2004）。政治家は研究倫理委員会本部 COREC（2006）に、保健医療研究におけるインフォームドコンセントを強く支持するガイダンスを発行するように求めましたが、英国では、動物、胎児や死体に関する研究とは異なり、人間に関する研究の同意については法律がありません。そこで、医療において、社会調査研究においてはいっそうのこと、

法は、人びとが個人としての（あるいは親としての）同意や拒否によって自分たちを守るという、（現実の）人びとに非常に依存したものとなっています。

また、間接的な法的圧力もあります。人権法（Human Rights Act, 1998）や、過失に関する法（参加者に危険についての十分な情報を与えないこと）や攻撃に関する法（同意なく人に接触すること、これは社会調査研究より医療研究に適用されます）などです。法律が研究者に対して同意に関する倫理ガイドラインの遵守を強いることがなくても、研究者にそのようにさせる他の圧力があります。それは彼らの資金提供者、雇用者、専門学会や組織（教育や社会福祉など）などによって課される条件を含み、それが研究者による参加者への接近を許可します（本書末尾の参考資料を参照）。

万が一、研究者が訴えられるならば、法廷は合理的な倫理基準が満たされていたか否かについて知りたいと思うでしょう。そこでそのような基準を提供する倫理ガイドラインは擬似−法的立場を持ちます。研究への同意が有効であることに疑いがあるなら、署名された同意書が必要な証拠になりますが、十分な証拠ではありません。研究者はさらに彼らが明確で十分な情報を与え、相手の自由な決断を尊重したことを示さなければなりません。

研究倫理委員会、学校や出版社ですら、今ではすべての署名された同意書の複写の提出を求めています。しかし、これはプライバシー、匿名、守秘の約束を冒すことになります。権威を持つ人には誰が研究に参加したのかがわかると知っている子どもは、さらに特定されることにも気づき、自分が言いたいことを言うことに慎重になりそうです。同意書の複写を得るという当局の望みは、子どもを尊重することよりも自らを防衛することに関係しています。私たち著者のうちの一人は、大きな医療倫理委員会に、すべての同意書の複写を送らねばならないと言われました。私たちは、それは守秘を冒すことになると説明して拒否しました。いくらかの議論の末、委員会は拒否を受け入れました。

インフォームドコンセントは個別的なことに関してであり、「研究がかかわるかもしれないことすべて」への同意を網羅するような一般的な同意ではありません（Code of Practice, 1990）。研究者は、人びとに、同意を求めるべきことのすべてについて説明しなければなりません。もし研究計画が、最初は不確かであるなら、研究者はそのように言わなければなりません。もし計画が変化し、たとえば新しいトピックや問いが追加されるなら、これらについて説明し、新しい計画への同意を求めなければなりません。医療の研究倫理委員会では、そのような変化に対して再度承認の申請を求めるかもしれません。

子どもや若者による同意、および彼らのための同意

　上述の諸点は、子どもや若者に、そして子どものためにあるいは子どもとともに決定するときの親にも当てはまります。子どものための同意、あるいは子どもによる同意と、大人の同意の間にはいくらかの違いがあります。この節は主に英国の法律について扱います。それは英国連邦の50以上の国の法律に影響します。

- 大人には自分自身で危険を引き受けるといういっそう大きな自由がある。子どもによってなされる選択、および子どものためになされる選択は、児童の最善の利益（Gillick, 1985）になるか、あるいは少なくとも子どもの利益に反するものであってはならない（RCPCH, 1992/2000）。
- 英国の法律では、16歳以上の未成年者は医学的治療に法的に有効な同意を与えることができる（家族法改正法 Family Law Reform Act 1969）。16歳未満の有能な未成年者も有効な同意を与えることができる。有能とは、「提案されたことを理解するための十分な理解力と知的能力」および「[子どもが]自分の利益のために賢い選択をすることを可能にする十分な思慮分別」を持つこととして定義される（Gillick, 1985: 423）。1985年以来、「ギリックからの撤退」は有能な子どもに対する尊重を損なうこととなった。それでもなお医学的治療に対する子どもの同意は、親の拒否を覆すことができる（治療拒否未成年者Rの判例に関して *In re* R, 1991; 治療拒否未成年者Wの判例に関して *In re* W, 1992）。
- 幾人かの専門家は、ギリックは医療を超えて他の多くの領域の法にも適用できると忠告し、さらに1990年代初期には、ギリック判決を危うくする裁判事例を批判した。
- 子どもが有能なときには、「法律的には、16歳未満の未成年の自分の子どもが医学的治療を受けるか否かについて決定する親の権利は消滅する」（Gillick, 1985: 423）。裁判官は親には、権利というよりは責任があるのであり、それは子どもが成長するにつれて「縮小する権利」であると見ている（Denning, 1970: 369）。
- 子どもの意思決定を尊重するある成文法には、子どもが自分の健康記録の

閲覧申請に同意を与えることができるとき、親は子どもの同意があるときにのみ申請できると定められている（Access to Health Records Act 1990, s4.2）。
- 子どもへの治療介入のための同意は、有能な子どもおよび親としての責任を持つ親だけが、そして子どもの後見のための同意は地方自治体や高等裁判所だけが、法的に有効な同意を与えることができる（Children Act, England and Wales 1989）。教師は親代わりの立場であるが、親としての責任は持たない。彼らは研究者が子どもに接触する機会を与えることはできるが、研究への同意を与えることはできない。
- 子どもの同意を尊重することに関して、もし医師らが親や他の当局から訴えられたならば、彼らは臨床的判断において子どもは有能であると主張することによって、法的に身を守ることができる（Age of Legal Capacity Act, Scotland 1991）。他の専門職にはこのような権限はありそうもない。その権限はおそらく研究ではなく、治療のみを保護する。
- 英国の医療研究ガイドラインでは、18歳未満の未成年者のために親の同意を求めるよう、研究者に勧めている（RCPCH, 1992/2000; BMA, 2001; MRC, 2004）。しかし同時に、研究への参加に対する幼い子どもの拒否は尊重しなければならないことも強調している（RCPCH, 1992/2000）。
- 臨床試験に関する欧州の判決では、未成年者の同意を無視し、完全に親あるいは保護者の代理同意に依存している（EC, 2001）。子どもには情報が与えられ、彼らの拒否は「考慮され」なければならないが、同意はそうではない。この指令は欧州連合加盟国それぞれの国内法令に取り込まれ、法的拘束力を持っている。英国ではこの指令は医療研究すべてを保護するように拡張された（DH, 2004）。しかし、これは未成年者の同意に関する英国の判例法と矛盾する（Biggs, 2009b）。

二重基準

　この節では、主として社会調査研究ではなく医療研究を扱います。それは社会調査研究を難しくしうる基本的な問題について、医療研究ではより明確に分析されてきたからです。前の節で示したように、二重基準があります。医学的治療では、子どもの同意は親の拒否を翻すことができ、親の同意は子どもの拒否を翻すことができます（治療拒否未成年者Rの判例に関して *In re* R, 1991）。しか

し医療研究では、少なくとも 2004 年までのガイダンスでは、18 歳未満の未成年者および彼らの親からの二重の同意を好ましいとし、幼児であっても、研究に参加することの拒否は尊重されねばならず、親の同意を翻すものと見なしてよいと忠告していました（RCP, 1990; RCPCH, 1992/2000; BMA, 2001）。

　残念なことに、研究への同意に関する法律や議論は、「治療的研究」あるいは子どもの「利益」となる研究という誤った概念によって混乱させられています。そしてこの誤解は、社会調査研究にもしばしば入り込んでいます。研究はデータを収集し、分析し、報告することを意味し、直接的に参加者の利益となることができません。研究は利益になることを目指した治療を検討するかもしれませんが、しかし治療がそうなるとは必ずしも仮定できません。すなわち研究の課題は相対的な有益性です。そして治療は役立たないか有害だと証明されるかもしれません。臨床試験では子どもは偽薬投与群に含められるか、他の理由で治療を受けられないかもしれません。（「偽薬」とは本当の治療に対して偽の治療を意味し、それぞれの「群」とは対照化しランダム統制された試験において異なる介入を受けるグループを指します）。

　親の同意を得ないですますよう勧めたり、または研究は子どもに「利益」になるので子どもの拒否を無視することを勧めたりする法律やガイダンスは誤っています。利益をもたらすかもしれない治療法を検討しているか否かによらず、すべての研究に一つの基準を用いることこそがより論理的です（Alderson, 2007a）。

　実際は有害であるにもかかわらず誤解させる可能性のある「利益」になる研究の例として、子どもの喘息に関する裁判があります。多くの子どもが、喘息発作の治療というよりもむしろ予防のために毎日吸入器を使います。もし吸入器の使用を中止すれば、数日あるいは数週間の間、よりいっそう発作を繰り返す可能性があります。もし子どもが無作為対照試験に参加するならば、彼らは治療群になるかまたは、偽薬投与つまり無治療の偽薬群になります。もし子どもがより多くの発作に襲われた場合、子どもが二重盲検法試験（患者も医者も彼らがどの群に属しているか知りません）を受けているときには、彼らには発作が通常の治療の中止のための反応なのか、試験されている新治療のための反応なのかわかりません。子どもの安全についての論理、倫理と配慮からは、それまでのところ容認された治療法がまだない限り、最良の試験は新しい治療法を既知の治療法と比較することだと提案されるでしょう。しかし喘息の場合には多くの容認された治療法があるのです。さらに常用中の薬物投与が突然中止さ

れたために激しい離脱症状に見舞われている子どもを無治療群として、薬物投与の効果を比較することは、明らかに非科学的に思われます。その結果は間違いなく、新薬に対して誤った不当な有効性をもたらすでしょう。しかし、米国の医療研究に責任を負う食品医薬品局（the Food and Drug Administration: FDA）は、偽薬対照試験を優先的に選びます（Ross, 2006）。英国の倫理ガイダンス（小児科小児保健王立大学 RCPCH, 1992/2000）では、大人による研究では同等にうまく行うことができない場合にのみ、さらに研究結果が子どもの利益を目的とするものであるときにのみ、医療研究に子どもを参加させるべきであると主張しています。米国のガイダンスにはこの基準がなく、そこで試験の被験者の数を増やすためだけに子どもが募集されており、将来の子どもの患者の役に立てるために選んだ固有の集団として研究されるといった保証はありません（Ross, 2006）。生命倫理の歯止めがあるにもかかわらず、アフリカの子どもへの危険な試験薬の使用など（Save the Children, 2007）、有害で不正な医療研究や実践が報告され続けています（Sharav, 2003; Coppock, 2005; Baughman, 2007; Slesser and Qureshi, 2009）。

　本書の根底には以下の相反する主題があります。一方は、研究における危険を阻止し削減する方法と、子どもや若者の十分な保護を徹底する方法についてです。他方は、子どもに関する研究で子どもに尋ねず、除外することの危険と危害について、そして彼らの意見、経験、ニーズ、参加についての懸念です。現在のシステムでは、子どもを有害で効果のない研究から十分保護することを保証できず、また子ども自身の利益を促進しうる研究への子どもの十分な参加を保証することもできないということを私たちは指摘します。この章の残りの部分と11章で概観するように、子どもの同意や拒否への新たな注目は、基準そのものを向上させることに役立つかもしれません。

親の同意の混乱

　研究者が、研究の危険は少ないので子どもの同意に頼るだけで十分だということを示せない限りは、通常、親の同意が必要だと考えられます。親と子どもの間で研究についての意見が合わない事例が裁判になった場合、親の期待に反して同意したり拒否することを望んだ子どもの側を裁判所が支持するかどうかは、誰にも確信できません。しかし裁判に持ち込まれそうなのは非常に危険で論争のある事例だけなので、そのような事例では研究者は親にも同意を得るほ

うが賢明でしょう。いくつかの社会調査研究では、有能な子どもの同意を尊重するというギリック判決が確かに適用可能です。しかしこの基準も、明確にまたは正式に認められてはいません。

たとえば学校で、学校の好意に依存しているときに、研究者は、親や子どもの同意を得ることに固執するのは難しいと気づくかもしれません。教師は親に尋ねることについて、あるいはむしろ拒否や無回答をするかもしれない若者に尋ねることについて、多くの時間や費用がかかり、調査の遅れが生ずると言うかもしれません。

親の同意に依存することは必要な防護でありえますが、2つの主要な問題をもたらす可能性があります。その一つは子どもが参加したがっているにもかかわらず、親が情報を与えられて子どもの参加を許可しない場合です（Skelton, 2008）。もう一つの問題は、たとえば生殖保健、薬物、飲酒や自傷問題などで医療やコンサルテーション支援を利用していることを親に知られたくないために、子どもが拒否しなければならない場合です（Skelton, 2008）。

ロジャー・ハートとガリソン・ランスダウンが示唆しているように「大人はいつでも子どもの効果的な参加に対する主要な障壁であり続ける」のです（Hart & Lansdown, 2002: 10）。しかし、彼らはさらに、親については、彼らが尋ねられるときに否定的応答を与えがちになるのは、彼らが、情報提供され関与させられるよりもむしろ無視されることが多いためなのだろうと付け加えています。

> 少なくとも、このことは子どもの日常生活に最も大きく影響し［子どものために子どもと話すことができる］親を巻き込むチャンスが失われることを意味する。しかもそれは、家庭での価値観の衝突を引き起こし、親が子どもを理解しないために「子どもの権利」に対する反動を引き起こすといういっそうの破壊的打撃をもたらす可能性がある。時には、子どもは関与したことに対して処罰を受けることもある。（2002: 10）

子どもを尊重することは、自分が尊重されていないと感じている親にはいっそう困難でありえます。倫理的研究は、関与するすべての人に情報を開示し尊重することを要します。もし親が拒否するなら、それは研究者がより良い情報を親と交換しあう機会です。しかし親が拒否するのは正しいかもしれず、それを無視することは子どもへの保護や擁護を排除することになりえます。

> 【ボックス8.1】親の同意 ── 柔軟な取り組み方
>
> 　両親が別居しているとき、一人の親の同意だけで十分でしょうか？　両親ともに尋ねなければいけないという法律はありません。別居した家族に関する研究では、研究者は通常子どもと同居している親に尋ねました。子どもが両親それぞれと時間を限って生活していたり、それぞれに頻繁に会っていたときには、研究者は両親に尋ねようとしました。しかしこれが不可能であったり侵入的になりうるときには、他方の親にいかに情報を開示し関与させるか否かに関して、研究者は子どもと一方の親の意向を考慮しました。子どもは分離した家族や環境の間を移動することに巧みだったので、子どもの実際の生活や人間関係に合わせた個別的柔軟な取り組み方が最も倫理的なものと考えられました（Smart et al., 2001）。

同意する能力を定義し査定する

同意する理解力ないし能力は、以下のことを意味します。

- 特定の提案された治療に関して選択する理解力を持つこと。
- 危険や利益、他の選択肢を知っていること。
- 同意は「自発的で継続的な許可」（DH, 1990: 15.9）だと理解していること。
- 同意は「いつでも離脱できること」（DH, 1990: 15.12）を知っていること。
- おのおのの［個人］は「完全に、率直に、正直に」（DH, 1990: 15.11）情報を開示されること。「妥当な配慮と技能」（DH, 1990: 15.13）をもってそれがなされること。

能力の査定

能力は3種の方法で査定できます（Brazier & Cave, 2007: 125-126）。

- 地位によって ── 大人や非常に幼い子どもの集団など。

- 機能によって ── 推論や他の能力に関する検査を通して。
- 結果によって ── その人が選択をして、査定者がそれは妥当な結果に至ると信じるならば、能力が想定される。

　この3つの方法は、特に結果は、査定者の個人的見解に依存します。検査をする方法は重要です。非常に有能な子どもでも、査定されることに恐れたり怒りを感じているなら、協力しないことによって能力がないように見えるかもしれません。
　機能の検査では、通常、同意を与える人の4つの基準を査定します。

- 精神的能力、つまり理解と決定の能力。
- 十分に情報が開示されていること。
- 合理的な選択を行うために、その事例を十分に理解していること。
- 自発性、つまり長期的な価値観に基づいて堅固な個人的決定をする自主性を持つこと。

　これらの基準は、年齢、性別、民族性、能力、成熟度や個人的経験などの**各子どもに特有な要因**に関係する傾向があります。大人はまた、子どもの希望、恐れ、価値観、人生設計、気質、独立の程度、そして危険を負うことに対する積極性と意欲を考慮するかもしれません。
　しかし、**子どもを取り囲む諸要因**を考慮することも同様に不可欠です。子どもは通常、知識や決定を共有することを奨励されているでしょうか、あるいはいないでしょうか？　彼らは話を聞かれることに慣れているでしょうか？　研究の状況は、歓待的なものでしょうか、あるいは威嚇的でしょうか？　どのような研究が議論され、それはどのように複雑でしょうか？　子どもはすべての主要な観点（【ボックス2.1】,【ボックス7.1～4】、【ボックス8.2】に掲げられています）を知らされたでしょうか？　これらは気力をくじくように見えますが、明確な短いリーフレットに凝縮させることができます（7章参照）。子どもや親に十分に情報を開示するには、克服すべき障壁があるかもしれません。それには、話をするための十分な時間と静かな場所、情報を共有し、言語の壁を克服し、単純な言葉を用い、子どもの合図や身体言語に応じることなどの技術と自信を持った人材を見つけることが含まれます。
　そこで機能の検査には、関係する大人を査定することも必要です。

- 彼らは子どもが理解し決定することに効果的に手助けしているだろうか？
- 彼らは十分に情報を知らされており、情報を説明することに熟達しているだろうか？
- 彼らは、合理的な選択をすることや子どもの選択の理由を理解することにおいて十分な理解力を持つだろうか？
- 彼らは能力や自主性を持つ子どもを尊重しているだろうか？

　病院勤務の牧師で以前は校長であったある教師は、子どもの決定を尊重することは大人から子どもへ力を譲ることを意味し、大人の側にも子どもの側にも勇気と成熟を必要とすると考えました。大人として、「私は『あなたが選んだものは何であっても尊重します…私はあなたにできる限りの援助をしますから、一緒に前進しましょう』といえるだけの大きな器だろうか？　大人が子どもに力を引き渡すこととはそのような大きな一歩なのです」（Alderson, 1993: 143）。特殊教育に関する研究でも、何人かの幼い子どもの決定が真剣にとらえられています（【ボックス8.2】）。

【ボックス8.2】教育において子どもの選択を尊重する

　スーザンは視覚障害者ですが、4歳のときに、「甘やかされて息が詰まる」と感じていた地元の学校から転校し、特殊学級の平日寄宿生徒になりたいと主張しました。彼女が10歳のときに、自分が4歳だったとき「帰宅したくなくて［学校の］車道で泣き叫ぶ私をママは引っ張っていかなければいけなかった」と回想しました。スーザンはいくつかの中学校を訪れ、最終的に彼女の現在の学校に寄宿し、近隣の公立学校に通うことを決めました。「それは戦いに違いないけれど、こつをつかめるだろう」と彼女は決心しました。彼女の父親は彼女の選択を地元の自治体に説明し、自治体は資金交付を認めました。1年後、スーザンは学習面と人間関係において、彼女の決定に非常に満足しました。いくつかの点で、スーザンだけが彼女の経験や価値観、計画を考慮した十分に情報に基づいた決定をすることができたのです（Alderson & Goodey, 1998: 119-120）。

子どもの意見や同意を尊重することができるようになる前に、私たち大人は、なぜ子どもがしばしば信頼できないように思えるのかについて再考しなければなりません。法廷での目撃証人としての子どもに関する、20年以上前に行われた重要な研究は、子どもが現実と作り話とを区別できることを示しました（King & Yuille, 1987）。就学前の子どもや学習困難児であっても、彼らが注意深く質問され、思慮深く扱われ、「支持者」と一緒にいるならば、信頼のおける目撃証人になることができ、主要な出来事を正確に再生や再現することができます（Murray, 1988）。「異なる結論に至る正当な理由がない限りは、子どもは有能な目撃証言者であると見なさなければならない」のです（Murray, 1988: 82）。

　能力を示すのは難しいですが、無能力を見つけるのはより容易です。この理由から、子どもとともに行う研究や彼らの意見について話すときに、より良いことは（学齢期の）子どもは能力があるという仮定から始めることです（RCPCH, 1992/2000; BMA, 2001）。「参加者」という用語は、子どもを守り尊重するために、同意の確認や互いに能力を調べることを含む、研究の全ての段階で大人と子どもがパートナーになる時に、真の意味を得ます。これは、子どもの能力と同時に、子どもをできる限り理解し、援助するための大人の技量もまた調べることを意味しています。【ボックス8.3】に関しては、その目的は見解1から脱して見解2も含むように移行することです。

【ボックス8.3】同意に関する2つの見解

見解1	見解2
法に基づく契約	交渉
事象	過程
事実	自覚
不変の知識	発展する知識
一方向	情報の双方向交換
子どもを検査する	子どもを有能にする

意思決定における関与の水準

　同意に関する法律の問題点は、それが全か無かということです。法律は有能な人や親の同意にかかわっていますが、能力を持たない人の権利については何も言っていません。しかし、たとえば国連児童の権利委員会（UNCRC）は、すべての子どもを尊重する水準（以下の1〜3）を明確に提示しています（3章も参照）。その水準とは以下のとおりです。

（1）情報を開示される水準。
（2）意見を作り表現する水準。
（3）決定に影響する水準。
（4）提案された治療やケアについて主たる決定者である水準（Alderson & Montgomery, 1996）。

　英国の法律では、「ギリック」が国連児童の権利委員会（UNCRC）を超えて第4の水準になります。たいていの子どもと多くの大人は、水準3に留まり、重大な意思決定を身近な人と共有することを好みます。しかし、どの年齢でも、自分の意思に反した決定を強いられると感じるのはとても苦痛です。非常に幼い子どもも意見を作り簡単な説明を理解することができます。そこで彼らは水準4の能力を持つとして差し支えないでしょう。

子どもを尊重する程度

　子どもを尊重する程度の序列は、子どもを関与させる異なる水準を示しています。子どもは無知であるとする表面的扱いと建前主義から、子どもが情報を開示されることなく課題や決定に割り当てられる段階に進みます。次の水準は子どもに情報を開示し意見を聞く段階です。（参加型研究の）最後の水準では、子どもは進んで決定を共有し先導することができます（Hart, 1992）。

同意と拒否を尊重する

　子どもや親が情報の開示に基づいて圧力を受けずに同意や拒否を行うことを援助するために、彼らは自身の権利について知らされる必要があります。

- 同意とはイエスやノーを言えることを意味する。
- 人びとには決定するための時間が必要である。
- 彼らが決定する間、彼らへの圧力はない。
- 彼らは自由に研究者に質問し、自分の意見について研究者と議論することができる。
- 彼らは決定の前に友人や他の人に話したいかもしれない。
- 彼らは理由を告げる必要なく、いつでも拒否や取りやめをすることができる。

　参加者が取りやめる権利に気づくことを保証するために、研究者はしばらくしてから彼らに思い起こさせ、彼らが継続することに満足しているかを尋ね、もし彼らが取りやめても、それは彼らが受けている研究と関連したケアや支援に影響しないことを告げることができます。彼らは今まで通り、可能な最も良いケアを受け続けるでしょう。
　情報を伝えるリーフレット（7章参照）には以下のようにして、これらの点を示すことができます。

　同意を求める：
- 私たちの研究を手助けしていただけますか？
- インタビューに参加して3つの質問紙に回答していただけますか？
- 私たちが新しい数学コースを試すのを手助けしていただけますか？
- あなたは学校から除籍された学生についてのドキュメンタリーに参加することに関心がおありですか？

> **【ボックス8.4】権利について説明する**
>
> 　私はイエスと言わねばなりませんか？
>
> 　いいえ、この研究に参加するか否かはあなた次第です。承諾が強制されていると感じる必要はありません。「ノー」と言うときに理由を言う必要はありません。しかし、理由を言っていただければ研究の役に立つでしょう。
> 　あなたが承諾する前に、研究に価値があることを確信する必要があります。もしあなたがどう決定すべきか不確かならば、考える時間をとってください。決定する前に、他の人と話したいかもしれません。
> 　あなたはまた気持ちが変わるかもしれませんし、いつでも研究への参加を取りやめることができます。そのような場合は、どうぞおっしゃってください。しかしその場合も、理由を言う必要はありません。
> 　研究が、教育や社会福祉などお子さんがすでに受けている支援と関係しているとき ── もしあなたが拒否したり取りやめても、私たちは引き続き私たちにできる限りのケア／教育／支援を提供いたします。

　特に、参加候補者が多重の不利な状況にいるなら、強制を避けることは極めて重要です。たとえば子どもであることや、読みの技能が低い、第一言語が異なる、拒否したりそれを主張することに慣れていない、未知の人で、子どもや家族に資源を提供するかもしれないより強い力を持つ集団に属する大人に「ノー」と言うことに慣れていない、などの不利な状況です。

　「若者の生活（Young Lives）」（2006: 11）のフィールドワーカー指導手引き書には、次のように述べられています。

> 　スタッフは彼らを確実に参加させようとして、回答者に圧力をかけたり強制したり欺いてはならない。スタッフはまた、回答者が家族やコミュニティの他の成員によって圧力をかけられることはないことも保証するよう努めなければならない … 回答者は彼らが参加したいか否かを考えるのに少なくとも24時間かけることができ、いつでも自由に研究への参加を取りやめることができる。

7章で言及したように、研究者は、子どもに理解できるような方法で、なぜそこに居るのかを注意深く説明することが求められます。通常子どもは幼い頃から大人に従わねばならないと教えられるので、研究者に拒否をすることが難しくなっています。そこでたとえ参加を拒否しても、有害な結果は起こらないことを明確にしなければなりません。

【ボックス8.5】同意と、言葉を使用しない若者

　ある研究において、若者たちは呼吸補助装置を使用しており、話すことができませんでした。彼らは技術的コミュニケーション補助具や他の方法を用いていました。何人かには彼らの表情やジェスチャーを解釈する介護者がいました。何人かは自家製のアルファベット板を用いていました。介護者は、正しいものに行きつくまで各文字を指さし、次第に言葉がつづられていきました。若者たちは、これらの方法を用いてインフォームドコンセントを与えることができました。インタビューは長くて疲れるので2回の訪問に分けて行われました。若者たちは逐語的に話せないのに、彼らの意見をどのようにしてありありと伝えられたのでしょうか？　同年代の若い美術専攻生が、若者の説明した筋書きを聞いて、それらの漫画を描きました。その一つは介護者がいかに不必要に、これらの若者たちの生活を限定しているかもしれないかを示していました。漫画を見せられたとき、参加者は漫画が彼らの意見や経験を力強く描写していると感じると言いました（Noyes, 1999）。

【ボックス8.6】子どもと喫煙 ── アセントとクラス全体の調査

　　ベス・ミルトンの博士学位請求研究

　9〜11歳のときに喫煙経験を持つ250人の子どもについての、マルチ・メソッドによる学校を拠点とする私の縦断研究は、クラス全体への質問紙、描画と作文、フォーカスグループとインタビューを用いました。子どもが拒否したり脱退できるよう保証するため、私は許可について3重の保護（校長、両

親と子どものアセント）を用いました。しかし、教室でのアセントには問題がありました。多くの子どもは描画と作文に従事したくありませんでした。しかし先生は彼らが課題をするよう強要し、確実に従わせるために全員にお菓子を与えました。教室への訪問者として、私は先生を覆すことができませんでしたし、私もまた、それぞれの子どものデータを集めたかったので、妥協したと感じました。クラス全体の調査では、たとえば他の部屋に行かせるなど、幾人かの子どもが拒否することに備える必要がありますが、多くの学校では実現困難です。このことは倫理的問題を引き起こします。それはアセントは脱退の実際の機会に偽りなく実現できなければいけないからです。しかし、これはしばしば、特に教師が生徒の100％の参加を重視するときには、通常の教師と生徒の間の力関係と衝突します。

縦断研究への同意

　研究によっては、研究データの継続的使用を通じて、長期の追跡や、歴史的、縦断的再検討を必要とします。これは研究チームや他の研究者によって行われるかもしれません。もし追跡が後で行われるとしたら、研究者は研究の開始時点で、あるいは最初の研究期間が終わる頃に、同意を求めるべきでしょうか？

　1958年、1970年および2000年生まれの人びとに関する大規模な英国出生コホート研究のように、縦断研究は、数週間、数か月、数年、あるいは全人生を超えて数十年にわたって継続するかもしれません。成長するにつれて、子どもはより情報を開示されるようになり、最初に親によって与えられた同意の協定について追認するか終了するかに関して自分自身の決定ができるようになります。そこで彼らは研究の更新の連絡時点ごとに、そのようにする機会を得なくてはなりません。

　質問に答えることによる同意は、以下のような複雑なことと比べるとかなり単純です。すなわち、他の研究者集団による二次的分析で使用するための同意か、さらにはまだ未知の将来の目的のために保存される第一次的データに対する同意です。ここでの「同意」は実際に同意とはなりえないくらい広く漠然としています。もちろん情報は開示されていません。そこには、データ（「所与のもの（given things）」を意味します）が、データ提供者と意見が食い違う、支持

したくないであろう方法で用いられるという危険があります。

　さらに複雑なのは、研究者と研究倫理委員会が、二次的分析は参加者との直接的接触がないため彼らを傷つける危険がないことを理由に、倫理的問いを起こさないと考えるときです。他の研究チームがデータを集めたという点を除けば第一次の研究と違いがないにもかかわらず、RECの承認を必要としないという主張によって、彼らの研究を「二次的分析」だと言う研究者もいます。これではその研究は同意やRECによって管理されないことになりますし、それ以上にRECにこういった手落ちがあるということは極めて重大なことです。第一次および第二次分析、研究報告、普及、メディア報告、政策や実践と世論への影響を通して、相当な危害の生ずる可能性があります（9章と10章参照）。

【ボックス8.7】繰り返される許諾と同意

　「若者の生活（Young Lives）」の研究チーム（Morrow, 2009）は、以下のような方法で、4か国すべてにおいてインフォームドコンセントに関する同一の最小限の基準が満たされることを、合理的に確実にしようとしました。

- 研究チームは、最初にコミュニティのリーダーに、次に個々の親と子どもに接触した（たいていの国では研究者は、子どもとインタビューする前にいくつかの「ゲートキーパー」を通さなくてはならなかった）。
- 調査員とフィールドワーカーは、各訪問、各セッションや活動の始めの時点で、そして理想的にはまたセッションの最後でも、データがどのように用いられるのかに関して、あるいは将来の活動への参加の承認に関して、親や子どもにインフォームドコンセントを求め、記録した。
- 研究者は研究チームの接触の詳細を準備し、情報の最小限の基準を確実にするために、参加者に対して研究者が読み上げる詳細なリーフレットを提供した。
- 一部の研究チームは、同意書へ署名をすることはさまざまな理由から受容不可能であることを見出した。たいていは人びとが書類に署名することを警戒したためで、彼らは口頭での同意をデジタル録音で音声記録され保存された（しかし書き起こしはされない）。
- 他の研究チームは、音声録音機器を用いることは不適切だが同意の過程

> をフィールドノーツに記録することはできるということを見出した。同意は進行中の過程だと理解されている。ベトナムにおけるフィールドワーカーは「地元の人びとは研究者である私たちや研究についてたくさんの質問をする。そこで私たちはいつも彼らの質問に答え、研究に対する彼らの意見を得るために多くの時間を割く」と書いている。

「若者の生活 (Young Lives)」研究の間、一人のエチオピアの年長の少年が両親が望んだにもかかわらず参加を拒否しました。「いくつか推測できました⋯少年は友達から「若者の生活」は子どもをプロテスタントに改宗させる任務があるという噂を聞いたのです」(Tafere et al., 2009: 9)。もちろん親も類似の恐れを持っていたかもしれませんが、これは親と子どもの意見の相違を示しています。参加に関する子どもの意見が尊重されるということは、インフォームドコンセントが実際に機能していることとして積極的に理解されなければなりません。さらに、1回目の訪問において拒否した人も、次回の訪問のときには同意するかもしれませんし、彼らの前回の拒否について話し合うことに応ずるかもしれません。

「若者の生活」では、研究における人間関係は長期にわたって維持されなければなりません。そこで、インフォームドコンセントの要請は更新されなければなりません。

同意と二次的データ分析

一次的研究チームが、二次的データ分析チームと直接関係するかもしれませんし、また彼らのデータを他の研究者がそれぞれの目的のために入手し利用できるようアーカイブするかもしれません。このことは同意を複雑にします。研究者は、参加候補者が研究に参加する前に、二次的使用への同意を要請するのでしょうか？　これは人びとを面倒にさせたり混乱させ、インフォームドコンセントの手順に過重な負担をかけ、拒否の割合を増やす危険があります。代わりに、人びとに研究プロジェクトの後で二次的データ分析に関する同意を求めることは、最初に十分なインフォームドコンセントを与えられなかったことや守秘性が守られないかもしれないことに、騙されたとか裏切られたと感じる

危険をもたらします。一部の人は、もし前もって知っていたならば、おそらくいっそう用心深く、異なるデータを提供しただろうと感じるかもしれません。あるいは、彼らは起こりうる使用法について、同意できず、むしろ反対するかもしれないことを心配するかもしれません。研究者は、見込まれるすべての二次的データ使用者がデータを入手する前に、彼らの計画を説明してもらい、第一次研究者の承認を得るようにすることによって、参加者の懸念にある程度は応じることができます。

　縦断的データはしばしば図表や座標で、さらに個別変数として表示され、参加者の特定はできなくなります。次の事例はより複雑なモデルで、10年以上にわたり100人の若者が成人へ移行する過程を調べた詳細な質的事例研究です。

【ボックス8.8】質的縦断研究の二次的分析において増幅された倫理的問題

レイチェル・トムソンと同僚（Rachel Thomson and colleagues）（英国、オープン・ユニバーシティ、サウスバンク大学）1996 - 2006成人期解明研究

　研究の開始時点で、私たちはデータをアーカイブ化することや10年間継続するという計画を持っていなかった。何年かの間計画をうまく継続するにつれ、データセットの完全な可能性を実現するために、私たちは二次的分析のコミュニティを作らなければいけないことに気づいた。二次的質的データ分析の倫理的問題は、一次研究の文脈と、一次研究の研究者の役割を再現する事、そして参加者を保護することにかかわる。長年にわたってインタビューを繰り返して面会することは、部分の総和以上のものをもたらす。矛盾や反対に思えることが意味を持ち始め、個人の精神への深い洞察を開いていく。私たちは、同意について再交渉する都度、参加者がさらにインフォームドコンセントができるよう支援するために、第3セッションの後で参加者に彼らの録音テープを提供した。私たちは、事例名や詳細を識別する手がかりを変えたが、100件の事例それぞれの履歴はさらに複雑になり、容易に誰のものかわかるようになった。そこで私は、彼らが自身の事例を発表することを決める前に、それぞれの人に意見を聞きたいと思った。たとえばカリンは、自分の記録を読むことは「身が縮み上がるようなこと」だとわかったと言った。彼女は記録は正確だと思ったが、自分の過去の考えのいくらかを思い出して驚

いたのだった。彼女は記録を見ないほうが気楽だったと考え、将来のインタビューにいっそう慎重になり、自己意識が強くなるだろうと考えた。

　私たちは、若者の生活への私たちの介入が、可能な限り共感的であることを保証しようとしており、さらにデータの可能性を見出し正しく扱うことと、参加者の幸福に配慮することの釣り合いをとることを目指している（Thomson, 2007, 2008; McLeod & Thomson, 2009）。

　研究者は了解可能で地域にとって適切なやり方で、データをアーカイブすることを説明する方法を探求しています。【ボックス8.9】の事例は「若者の生活」からのものです。

【ボックス8.9】データアーカイブズについて説明する

　「若者の生活」研究チームはアーカイブすることが何であるかを説明し、匿名化について、そしてアーカイブするためのデータを準備する際に、識別特性（場所、人、組織など）がわからないようにすることについて参加者に再度保証します。たとえば、ペルーでは、ほとんどすべての村やコミュニティが、公共の協議のための、村に関する文書のアーカイブズを所有しているので「unarchive（ファイル）」という言葉を理解しています。インドでは「コンピュータに保存される」という表現が提案されました。ベトナムでは、研究者は次のように書いています。

　　私たちは「保管」（まとめて保存する）という言葉を、家の中で利用可能なときには戸棚やタンス、トランク、あるいは単に箱やバッグを指し示して用いた。フィールドにラップトップパソコンを持ち込んでいたので、子どもは私たちが記録を打ち込むのを目撃した。私たちは打ち込んだもの ── 彼らが話したことの書き起こしの抜粋（たとえ彼らの幾人かは読むことができないとしても）── そして描画（人ではなく彼らの家など）を彼らに見せた。また彼らが自分の声を聴くことができるよう、録音テープの一部を再生した。それから私たちは、これらのすべてはハノイと英国で何年もの間保存されるけれども、これらの言葉が彼らのもの

であることは誰にもわからず、彼らが話したことのために子どもが捕まえられることはないことを説明した。子どもとその家族は大変興奮し、何人かは最初怖がったが、その後非常に誇らしく感じるようになった（Goodenough et al., 2003; Helgesson, 2005 も参照）。

同意に関する国際的基準

　ファイザー社のナイジェリアにおける臨床試験は同意の潜在的な重要性を示しています[1]。1996年に髄膜炎の大流行が発生し、その間に11,000人が死亡しました。ファイザー社は「人道的使命」だとして、スラム都市カノで抗生物質を試験投与しました。批評家はそれが無許可の医療試験だったと言っています。ファイザー社のクリニックのそばで、国境なき医師団もまた薬を投与していました。

　ファイザー社は200人の子どもを選び、その半分には通常の抗生物質を投与し、残り半分には試験薬、抗生物質トロバンを与えました。11人の子どもが死亡し、申し立てによれば、後にさらに多くの子どもが臓器不全から脳疾患にわたる重篤な副作用を被りました。「しかし髄膜炎、コレラやはしかは依然として猛威を振るい、群衆はまだキャンプの塀沿いに列をなしていましたが、ファイザー社のチームは2週間後には荷造りして立ち去りました。」18か月ほど後に、「ファイザー社の社員ファン・ウォルターシュピールは当時の最高責任者ウィリアム・スティアに、臨床試験は『倫理規則に違反した』と書き送りました。ウォルターシュピール氏は翌日解雇されましたが、ファイザー社は手紙とは『無関係』だと主張しています。会社は5人の子どもだけがトロバン服薬後に死亡し、6人は認証薬ロセフィンの注射後に死亡したと主張しています。」彼らはまた薬の試用ではなく、髄膜炎が子どもに害を及ぼしたと主張しました。

　しかし親は、彼らが子どもを実験的な医療試験に提供したことを承知していたのであろうか？

　「いいえ」とナイジェリアの親マラム・ムーサ・ツァンゴは言う。当時12歳の彼の息子スマイラは、この臨床試験参加後に聞くことも話すこともできなくさ

れたと主張している。しかしファイザー社はこれを否定し、ナイジェリア政府とこの治療を受けた子どもの家族から同意を得ていたと主張した。ファイザー社はカノ倫理委員会からの許可書を偽作した。その文書は日付を遡って適用されたことがわかり、委員会は最初の医療試験が行われた1年後に設立されたのだった。

ファイザー社は一時、80億米ドルの罰金と幾人かの従業員の禁固刑の可能性に直面した。2009年4月、ファイザー社は、訴訟の継続が見込まれるものの、5千万ポンドを支払う示談に同意した。トロバンはもはや生産されていない。それは欧州連合で禁止され、アメリカ合衆国では販売されなくなった。[1]

最初の反応は次のようなものかもしれません —— 社会調査研究では決してこのような種類の危害や危険を冒すことはないでしょう。しかし、このように差し迫った、目に見えるかたちではないかもしれませんが、ある種の社会的、教育的、経済的介入が、人びとの生命に損害を与えうるといえます。基準の変更やその時点では些細な通常の意思決定のように見えたことでも、後になって予想外の重大な影響を持つことがわかる可能性があります。そして、医療研究者が高い基準を満たすべきだということに賛同するのならば、社会調査研究者もそれらを満たすべきではないでしょうか？

また、ファイザー社の事例は、「西洋」的概念の同意が過度に個人主義的で、コミュニティの他の意見を理解し損なうことになるという批判を問い直すものです。子どもが死亡するかあるいは重度障害になって生涯の介護を必要とし、家族の資源や貢献者ではなく負担となるとき、研究の影響は子ども本人の心や身体、そして身近な介護者の日常生活や人間関係に痕を残します。この医療研究の例は、個人が集団の中でかすみ、失われるのではなく、密接に編み込まれた集団の中で各個人が持ちうる強い影響力を示しています。それは家族が法的な社会福祉の援助を得られず、すべての特別なケアや資源を自分たちで提供しなければならない場合には、おそらくいっそうそうなるでしょう。

---

[1] http://www.independent.co.uk/news/world/africa/pfizer-to-pay-16350m-after-deathsof-nigerian-children-in-drug-trial-experiment-1663402.html（2010年2月24日にアクセス）

国際的状況における研究

　この節では、いくつかの慣習的なガイダンスを見ていきますが、それらはファイザー社や他の類似例によって修正されるかもしれません。文化が異なれば「インフォームドコンセント」に対して大変異なる見解を持って取り組むかもしれません。経済社会研究会議（ESRC）研究倫理構想（2005）は、発展途上国においては以下のことに留意すべきであるとしています。

> 　インフォームドコンセントの慣習的意味は同意の慣習的モデルが「個人の優先」に基づくため、問題となるかもしれない。個人は、権利の所有者であるとともに、他者の権利に対して相互的義務を負うものと見なされる。血縁やコミュニティなどのより広い概念に比べて個人の優位性が低いと思われる文化的状況では、個人のこのような強調は不適切かまたは無意味と見なされる可能性がある。（ESRC, 2005: 24; Brown et al., 2004 も参照）

　ここには倫理に関して、「マジョリティ」と「マイノリティ」に世界の諸国を分けるという、誤った二分法の危険性があります。第一に、個人の強調はいくつかの文化的状況では不適切に思われるかもしれませんが、何かがうまくいかずに子どもが被害を受けるときには、当然ながら焦点は個人に当てられます。第二に、マイノリティの世界でも、子どもはめったに完全に独立した個人とは見なされず、息子、娘、兄弟、姉妹、友達、家族や他のコミュニティの一員と見なされます。しかし、私たちは子どもや子ども時代を、それぞれの地域の状況に応じて理解する方法についてよく考える必要があります（Ennew & Plateau, 2004; Laws & Mann, 2004; Schenk & Williamson, 2005; Ahsan, 2009）。
　アフア・トゥワム–ダンソ（Twum-Danso, 2009）は、ガーナにおける子どものグループ討論の報告の中で、子どもがめったに大人の権威者に挑戦しないこと、そして彼らはなすべきことを指示されるほうを好むことについて、子どもがどのように話したかを報告しています。そのようにしなければ、彼らは逸脱していて不遜だと見られ、罰せられたり、（魔女や悪魔として）侮辱されたりする危険があり、結果として親の名を汚すことになるのです。「意見を言わなければ死ぬことはない」と、何人かの子どもは説明し、生き延びるのに役立つこ

とをよりいっそう強く正しいこととみなすと言いました。トゥワム-ダンソはこの信念は安全な親によるケアを仮定していると説明します。しかし子どもに対する責任を放棄している親が増加しています。トゥワム-ダンソは、子どもの主張にもかかわらず、実際には子どもたちはしばしば逆に振る舞い、多くの子どもが母親とは率直に私的な意見を交換できると話している例を観察しています。

　キャロライン・ゴコニョはケニアにおけるマラリア・ワクチンの臨床試験についての質的研究の報告の中で、次のように述べています「個人のインフォームドコンセントは、臨床試験における基本的な倫理的義務です。しかし経験的研究はこの基本的な必要条件がしばしば満たされていないことを示しています」（Gokonyo, 2008: 708）。低収入の状況において同意を強化する方法としては、個人に接触する前に既存の組織を通じてコミュニティのメンバーたちから許可を得ることが含まれ、またインフォームドコンセントを単一の出来事として、あるいは質問紙による人びとの理解の査定として考えるのではなく、過程として考えることが含まれます。ゴコニョの研究ではこれらの取り組み方のすべてが重要であることを見出し、チームは同意を求める前に幾度も情報を伝えました。彼女は研究者とコミュニティの間の対人関係と信頼が、臨床試験の最後における参加者による研究者の評価とともに、参加者の同意するか拒否または離脱するかという意思決定に決定的に影響することを見出しました。これらの取り組み方は大半の研究における継続時間や範囲を大きく超えていますが、研究者はインフォームドコンセントに対して、ますます意欲的に、厳しく、公的な基準を満たすことが期待されています。ゴコニョは、研究者は「フィールドで」直面する、多様で複雑でしばしば予測不能で、変化し続ける社会的関係や倫理的ジレンマに対していっそう強く尊重し注目することによって、形式的な基準の不足を補う必要があると結論づけています。

　同意の過程で起こる問題は、関連する複雑な基準に、そして人間関係と相互交渉に研究者がより意識的になることを助け、その結果、慣習的モデルと地域の好みにいっそう効果的に合わせていく方法を目指して努力する助けになります。ゴコニョの見出した、同意の意思決定が人間関係の質に基づくという発見は、世界中に当てはまります。子どもの心臓の手術に対する親の同意について行われたエスノグラフィー研究では、個人的で、感情的および道徳的関係が両親の意見に影響することが見出されています（Alderson, 1990）。

なぜ子どもの同意を尊重するのか？

　尊重は基本的な倫理的原則です。子どもの話を聞くことは大人が子どもの持つ誤解について話し合い、解決することに役立ちます。このようにすることで、抵抗したり怒っている子どもに強制することを減らし、異議申し立ての危険も減らすことができます。隠すことなく透明な議論をすれば、子どもや若者が理解した研究への、彼らによる、情報に基づく自発的な参加としての同意を促すことができます。そうなれば、彼らの積極的な協力と寄与は、よりいっそう効率的で、効果的な研究になるよう支持してくれるでしょう。彼らが研究から離脱してしまうこともなくなるでしょう。研究者は、研究を改善する方法について、子どもから重要な知識を得られるかもしれません。

　先述したように、いくつかのガイダンスはコバート研究（covert research）を許容しています（British Sociological Association, BSA, 2002; British Psychological Society, BPS, 2009）。私たちはこれを、研究の被験者を無知な対象と見なす、古い非倫理的な見解と方法に依存していると考えます。新しい心理学のガイダンス（BPS, 2009）でも、未だに研究倫理委員会の審査を通常の手続きとして要求していません。この手続きは、個人の同意や拒否の権利をより不可欠な保護とみなしています。データ収集の開始後に彼らの同意を求める必要があるという表現は、拒否する権利を伴う自由な選択としての同意の本来の意味を誤解しています。子どもの同意を尊重し、彼らへの説明責任があると感じる研究者は、研究全体を通じて、子どもの意見をもっと真剣にとらえるでしょう。

　私たちはまた、情報が開示された協力関係では、研究者は彼らの計画や方法に関する説明責任があって説明しなければならないので、コバート研究ができることに比べて、研究の目的や理論、方法をいっそう改善できると考えます。子どもや若者の逸脱行為や犯罪行為であっても、彼ら自身の動機についてオープンに話し合うなら、研究結果や結論がより正確になるでしょう。次の例では、もし研究者が、パートナーとしての子どもの助言を得られなかったら、間違って大人中心の結論を出していたかもしれません（【ボックス8.10】）。この小さな例は、コバート研究を超える、明示的な研究の価値を示しています。

> 【ボックス8.10】図書コーナー
>
> 　研究者は子どもたちに、彼らが入ったばかりの頃のセンターの主な場所の写真を見せて、どの場所が最も好きか好きでないかを尋ねました。図書コーナーが最も人気がありませんでした。このことは、子どもたちが未熟だったことを意味するのでしょうか？　図書やコーナーの改善を示唆しているのでしょうか？　話し合いの中で、子どもたちはコーナーが使用される方法が嫌いだと言いました。彼らはスタッフが忙しいときにそこで静かに座っていなければなりませんでした。誰もが興味があるわけではないのに、一斉に大きなグループで物語を聞くために座っているときには、子どもたちは退屈してしまいました。そこでスタッフはコーナーを使う方法を改め、物語を聞く複数のグループを組織しました（Miller, 1998）。

　また子どもたちのために明確な情報を載せたリーフレットは、研究者と共通の言語を流暢に読めなかったり使わない両親にとっても、彼らの子どもが研究に参加すべきか否かに関して、より情報に基づいた決定を行う助けになります。リーフレットは、両親が子どもに関する不審な研究に混乱してしまい、不確かなまま、おそらく強要されて許容してしまうと感じる危険を減らし、研究に参加している最中の子どもをどのように援助したらよいかを知る助けになります。

　子どもの同意や拒否を尊重しない研究者は、子どもに対する誤った、非倫理的な先入観を変えることなく持ち続けるでしょう。子どもの社会的および道徳的能力を尊重する、現実的な研究は、先入観や誤った偏見、有害な差別に挑戦します。それは尊重と正義の倫理基準を促進することに役立ちます。

　倫理ガイダンスでは研究のデータ収集段階での同意を強調しがちですが、研究結果が広く知れわたり社会に影響を及ぼすようになる、より後の段階もまた子どもに重大な影響力を持ちます。研究者は同意を求めるときに、そのことを説明することができます。これらが次の2つの章の話題です。

子どもの同意に関する一般的問題

　同意に関するいくつかの問題は、個々の研究者だけでは解決することができないものです。それらには次のものがあります。

- 研究者は時に、子どもにだけ同意を求め、両親には同意を求めないことができるだろうか、あるいはそうすべきだろうか？
- 子どもの能力と同意が本物であることを批評家に納得させることができるような方法で子どもの能力を査定することは、いかにして可能だろうか？
- 医療研究と社会調査研究では異なる同意の基準があるべきだろうか？　学術的研究とコンサルテーションや評価の間、あるいは若者によって行われる研究、学生による研究と大人による研究の間ではどうだろうか？

これらの疑問についてもまた、11章で考えていきます。

問いのまとめ

- 子どもが理解できる年齢に達したらすぐに、子どもは研究への参加に対する同意や拒否をすることができることを知らされるだろうか？
- 子どもは、彼らが同意を与えるか否かを決定する前に、質問したり、おそらく他の人に話しかけることができ、また時間を求めることができることを知っているだろうか？
- もし子どもが研究を拒否したり離脱するなら、研究はどのようなかたちでも彼らの決定に反して継続されることはないと知っているだろうか？
- 子どもがこれらのことを知り、同意を与えることに圧力を感じないようにするために、研究者はどのように手助けすることができるだろうか？
- 自分の意見を自由に表現するにはあまりに内気であったり動揺している子どもを、研究者はどのように尊重できるだろうか？
- 両親や保護者は、同意を求められるだろうか？
- もし子どもは参加したがっているのに両親が拒否するならば、研究者はど

うすべきだろうか？
- 同意は文書か、口頭か、あるいは暗に示されるだろうか？
- もし同意が非公式に与えられるならば、個々の子どもの意見が表明され尊重されたことを、研究者はいかにして保証するのだろうか？
- もし子どもが彼らの同意を求められないならば、このことはいかにして正当化されるだろうか？

第三部

文書化、報告、追跡調査の段階

9章　研究結果の普及と政策実施

　本書は、研究の各段階を通して発生する倫理に関する問いに注目しています。1〜8章は初期の計画と、研究のすべての段階に対する基準の設定にかかわっていました。データ収集と結果のまとめを書く段階について別々の章を設ける代わりに、私たちはこれらのプロジェクトの中間段階で生ずる問いに関しては、読者に1〜8章を参照していただくことにしました。報告書においてどのように項目を選択し、提示し、解釈するかを決定するときに、公正と尊重は重要な主題です。私たちはここで、調査研究の終了段階と研究プロジェクト全体の終了以降の段階に移ります。

　この章では普及の意味や、それがいかに報告書や本を書くこと自体を超越することなのかについて考えます。子どもや若者たちとともに行う研究や彼らによる研究は、刺激的な普及の機会を提供してくれます。それには、地域的規模から国際的範囲にわたる会合で、そしてラジオ、テレビ、インターネットや公共の報道で、子どもの芸術作品やデザイン、写真やビデオを展示すること、そして講義や詩、競技や演劇を通じて彼らの研究を公に提示することが含まれます。

　研究結果を広く知らせ、可能ならばそれが効果を持つようにする倫理的義務があるでしょうか？　普及は研究に関する公表と公の議論を含みます。そこで、方法からメディアにわたる、普及に関するいくつかの倫理的問いを検討しましょう。また、批評者的な読者が彼ら自身の研究を通じて、他の人の研究結果を支持したり応用したりすることによってそうした研究結果を普及するか否かを決定する前に、批評者的な読者が用いるための方法を考察します。

子どもにデータ分析にかかわってもらう

　子どもにデータの解釈や分析にかかわってもらうことは難しいと思われるかもしれませんが（Mayall, 1994）、研究者は、次第にそのようにしようとしは

じめています。私たちの一人は、ある予備的結果（若者の「社会資本」、彼らの友情とコミュニティに関する研究）を口頭発表することを通じて、子どもたちが生み出したデータの分析に子どもたちにかかわってもらう試みをしました（Morrow, 2008）。私は子どもたちに、私が確認し終わった主なテーマと、さらに深く分析しようと計画していることを概説したリーフレットを渡しました（リーフレットについては Morrow, 2008 を参照）。子どもたちに、彼らの意見が公正に、正確に表現されていると思うかどうかを尋ねました。グループ討論で、私は一人の生徒に —— 極めて当然なことに —— 異議を唱えられました。その生徒は、先生と子どもの間の（不十分な特性をもつ）関係に関して議論されたことについて、私が適切な分析を一つ見落としていると指摘しました。近隣の人びとに関する子どもの意見に焦点を当てたために、私は子どもの観点からは学校が社会的関係や友情の源泉であり、同様に大人との（時に）難しい出会いの源泉として重要なコミュニティであるという点を見逃してしまいました。もし私が関係する子どもたちに予備的結果を報告しなかった場合に比べるなら、その後の私の分析はいっそう注意深くこの点に向けられることになりました。

　コードとエヴァンズ（Coad & Evans, 2008）は子どもにデータ分析にかかわってもらう実践的方法について検討し、彼らが実施した研究について述べています。その一つの事例は新設病院で計画された、目的に応じた子どもユニットの研究で、10歳から16歳までの子どもにかかわってもらいました。子どもはこのプロジェクトに対する助言グループとして活動し、インタビューデータの分析にかかわり、それは後に子どもへの質問紙を作成するために用いられました。子どもはまた仲間研究者としてもかかわりました。コードとエヴァンズは、子どもにデータ分析にかかわってもらうのは時間と資源を費やすと強調しています。子どもは（チームで働く大人と同様に）「互いに知り合い、信頼関係を作り、データ分析を行うための自信や技術を得るのに時間が必要です。」（2008: 50）。また（大人に対しても同様ですが）守秘性、匿名性、子ども自身の困難な問題にかかわるかもしれない苦痛を与える質問の取り扱いなど、倫理的問いも考慮する必要があります。

普及 —— 議論の核心と変化に至る

　刊行された研究報告書は極めてわずかな人びとに届くだけかもしれません。

しかし、普及（dissemination）とは種(タネ)を蒔くことを意味し、単なる刊行よりもいっそう広く行きわたり、より深い効果を持ちます。子どもとともに行う研究では、しばしば感情的、政治的、倫理的議論が起こります。なぜならそれらの議論は、あからさまか否かによらず、子どもと大人の不平等にかかわり、それが公正で有益かどうかにかかわります。そこで、種、すなわち研究結果によって周囲に拡散される考えは、単に人びとの心への配慮だというだけではありません。それはまた、深く感じ取られた信念ともかかわっているでしょう。子どもや若者に関する政策、支援、信念の中に変化の種を蒔こうとする研究は、思考やさらに感情のレベルで、人びとを巻き込まねばなりません。それは彼らの一部に挑戦し、動揺させることがありえます。研究の他の段階と同じように、普及の段階の議論もまた、子どもの参加を促すことと、同時に彼らを保護することとの間の緊張にかかわります。

普及と政策実施
—— 子どもと若者、そして大人が変化のために一緒に働く

多くの研究の最中には報告書を書く時間がほとんどありません。まして子どもに関する政策の立案者や子どもと働く人びとと、学会や他の会議の場で研究結果を議論する時間もなかなか持てないものです。この問題を回避する一つの方法は、子どもや若者、そして実践経験のある大人に研究の最初からかかわってもらい、これらの活動を助成研究の中心部分に含めることです。【ボックス9.1】はインドでの例です。【ボックス9.2】は英国のリバプールでの、障害を持った若者、「チルドレンズ・ソサエティ」と、大学の研究者に関するものです。【ボックス9.3】は、ロンドンからの事例です。

【ボックス 9.1】インドで政策実施する研究

P.J. ロリチェン（Lolichen, 2007: 251）は、州都バンガロールで非政府団体NGO「働く子どもを支援する会（The Concerned for Working Children）」とともに働き、9〜18歳の子どもが行った、インド、カルナータカ州の彼らのコミュニティにおける輸送と移動性についての革新的研究について述べています。

子どもは調べるべき問いを見出し、自分たちで研究を実施しました。彼らは情報を収集して文書化し、結果を広め、「見出した問題、たとえば歩行者専用の橋を建設したり修理すること、託児所を始めること、路面の窪みを埋めること、道路を舗装することなどを処理するために、コミュニティのさまざまな関係者と働いています。彼らはまた重要な関係者、たとえば地方行政体である村議会（gram panchayat）、学校当局などと、村議会への子どもの参加を制度化するために交渉しています。」

【ボックス9.2】障害を持つ子どもや若者と地方議会

　リバプールの「障害と多様性」グループプロジェクトは、地方自治体、機関そして障害のある若者の間で共有された、継続的な支援計画と意思決定、供給を促進しました。彼らは短期のコンサルテーションや応急措置を離れて、統合、擁護、移行措置、全体的見直し、ケア・パッケージ、苦情に応じることなどの支援について助言しました。フォーラム、ニューズレター、ITネットワークと擁護活動を通じて、彼らは合意された基準を発展させ、さらに若者自身の課題とコミュニケーション方法に基づいて、若者の参加を促し価値づける文化を発展させました。知り合いの英国式手話通訳者がかかわっていたので、聴覚障害の子どもも仲間に入ることになりました。およそ40人の9〜21歳の人が、16〜21歳の人によって運営されたグループ討論に参加しました。

　グループは包含的創造プロジェクトのために15万ポンドを調達しました。それは、芸術とドラマプロジェクト、同輩教育／カウンセリング、学校のスタッフと生徒に対する障害平等研修（disability equality training: DET）、地域行政全体にわたる自立の擁護と援助、および地域の建物と催しの利用の権利の検討、を含むプロジェクトです。彼らは障害を持った若者が利用の権利についての監査役になるための研修期間を用意しました。彼らは大人と障害を持つ若者の間に、より平等な力関係と協力関係を作り上げました。このプロジェクトは、時間や資金の不足にもかかわらず、彼らがいかに活動的で、想像力豊かで創造的であったかを示したと同時に、障害を持つ若者との包含的な仕事における挑戦、そして参加型プロジェクトを通じて力関係を変更すること

の隠れた危険を示しています。社会を変えるという重大な仕事は、「参加型」プロジェクトが若者に負担を与えることのないよう、創造性や楽しさを併せ持つものでなければなりません（Davis & Hogan, 2004）。

【ボックス9.3】ロンドンを見る子どもの意見

「児童の権利委員会ロンドン事務所（Office of the Children's Rights Commissioner for London）」は、「国連児童の権利に関する条約（United Nations Convention on the Rights of the Child: UNCRC）」に基づいて活動しています。若者が他の人びとを訓練し、彼らの権利について、さらにロンドン議会の会合に活発にかかわるなど政治的に重要な方法で参加するやり方について教えました。彼らの大規模調査は約3,000人の若いロンドン市民について行われ、若いロンドン市民の大きな問題は、貧困、人種差別主義、住居、学校、健康、交通と環境計画、そして若者への良い資源と支援の欠如であることを明らかにしました。さらに、若者や成人が、犯罪の原因を防ぐために協力して活動する方法を考察しました（OCRCL, 2001, 2002a, 2002b）。この活動は、子どもや若者とともに彼らのために市全体の「子ども戦略（Children's Strategy）」を発展させることへのロンドン市長の同意を導き、さらに子どもを優先することに基づく「ロンドンの子どもの現状報告（the State of London's Children reviews）」（Hood, 2002, 2004）を委託することへの同意を導きました。

普及における諸問題

多くの困難が普及を妨げる可能性があります。そこで、問題と解決の組み合わせリストを以下に順序立てて示します。

(1) 資金提供者や他の権限当局が報告書の発行を止めるかもしれない。
(2) 人びとは、自分たちが弱くあるいは歪んでいると言う報告書を退けるかもしれない。

（3）普及には、研究結果や結論を彼らの仕事にどのように関係づけるかについて、会議や他の会合で数か月や数年をかけて、政策者や実践家と作業することになる可能性がある。このようなことをする時間や資金のある研究者はほとんどいない。
（4）研究による証拠と報告書、そしてそれらが政策と実践に対して持つ意味の間の関連は、しばしば明確ではない。そこで多くの研究者は、実践の専門家にその関連付けを任せる傾向がある。しかしこの実践家は、長い研究報告書を読み、しばしば困難な関係づけの仕事をする時間も興味もない。そこで報告書は、利用されないままになってしまうかもしれない。
（5）人びとは研究やコンサルテーションの結果を誤解し誤用するかもしれない。
（6）マスメディアは普及に大変役立つ可能性がある。しかし過度に単純化したり、扇情的または不正確な報告を提供するかもしれない。
（7）多忙な人は読むものが多いので、短く明確な報告を好む。研究の複雑な詳細を短い単純な言葉で報告することはしばしば困難である。
（8）研究は普及する価値がないかもしれない。それは他の研究の繰り返しか、未完成か、説得力に欠けるかもしれない。
（9）研究が同意なく行われるなど倫理的でないならば、あるいは報告書が不十分に書かれていたり退屈だと編集者に思われたならば、研究の公刊を拒否されるかもしれない。研究結果は不人気で、信用されず、攻撃されたり捨て去られるかもしれない。

諸問題をめぐる創造的な方法

上記の諸問題の解決法を、問題の番号と対応づけて以下に提案します。

（1）資金提供者や依頼主との研究契約や同意書に出版権の条項を含める（5章参照）。
（2）批評眼のある友人に研究報告書のチェックを依頼し、彼らの批判に応えるよう報告書を修正する。
（3）研究者が研究を関係のある各集団向けに発行することができるよう、資金、時間、そして可能なら訓練も含めておく。それには、子どもや両親に

対するもの、共同したり依頼された専門家や政策立案者に対するもの、彼らが見そうな一般雑誌やテレビ番組に対するものなど、多様な短い報告書を含める。

(4) 研究者と実践家が研究を政策や実践に関連付ける方法について議論するなら、互いにもっと学ぶことができる。そこで研究者はより適切に実践的な報告書を書くことができるかもしれない。特に研究の影響に関して以前にもまして関心が寄せられる現在では、これらの議論は研究が認められ資金提供されるために価値のある、新た追加されるべき研究段階となる可能性がある。さらなる次の研究が計画されるかもしれない。その一例としては今日、児童の権利と参加に関する指針において、国政から小さい地方集団レベルに至るまで急激な変化がある。この変化はNGOの実践的研究プロジェクトと、児童の権利の広報活動によって促進された。

(5) 研究者が彼らの研究に関して専門家、政策立案者、市民との討論に参加するなら、他の人が研究結果を理解し利用することを促進するのに役立つ。そして、これらの討論は、研究者が彼らの報告書をより説得力のある、読みやすいものにする方法を知るために役に立つかもしれない。

(6) 報道メディア／ジャーナリストは、研究報告書に関する彼らの説明でしばしば過度に単純化したり歪曲したりする。しかし、子どもの利益と権利を支持してあなたの研究について書こうとする、知識のあるジャーナリストを見出せるかもしれない。後に議論するように、メディアに関する問題は個人が解決するには複雑すぎることを提言する。

(7) 報告書が学術的、実践的、一般的などの異なるレベルと長さで書かれるならば、より多くの読み手に届く。研究参加者のために短い報告書を書くことは、研究者が自身の研究を明確に分析し、要約することに役立つ。ラウントリーのウェブサイト（Joseph Rowntree Foundation: www.jrf.org.uk）で、「研究結果（Findings）」を見ると、4ページの明確な要約がある。1ページ目に6つの重要点を挙げ、2～3ページで各要点について説明し、4ページ目で研究者、方法と結果についていくつか詳細を挙げている。読み手が興味に応じて読むレベルを選択できるように、研究結果はより詳細な報告書で補完される。雑誌論文の最初にある要約は、また別の階層化による取り組み方法である。特にウェブサイトの論文など、要約は論文本体よりもずっと広く読まれ、引用されている。そこで要約の正確さは大変重要である。

(8) 公表の価値がある報告書を書けない研究の問題は、研究目的、方法、予

定表、倫理について最初から注意深く計画することの重要性を示している。報告書は、方法についても研究のいかなる制約についても、明確で透明性を持つ必要がある。たとえば、小規模研究では、研究結果から過度な一般化をしないことが重要である。50人の若い介護者の研究では、たとえ研究したすべての人が時々抑うつ的になると言ったとしても、「すべての若い介護者は抑うつ的である傾向がある」と主張することはできない。一般化に異議を唱える例外について報告するときには、大きな標本は必要がない。たとえば、技能や知識のある幼い子どものわずかな事例だけで、その年齢の子どもはそのように有能ではありえないという仮説に異議を唱えることができる。

(9) 驚異的で、直観に反し、一般的見解に異議を唱え、論駁するような研究結果は、知識、理論、根拠、政策や実践に対して極めて重要な貢献ができる。しかしそれらは、批評家や編集者から受け入れられ、公刊されるのが最も困難で、不当な批判を被るかもしれない。

普及と報道メディア

すでに述べたように、研究を公刊するとき、報道メディアは大いに役に立ちます —— そして時には、ほとんど役立ちません。ジャーナリストは個人的な物語を求める傾向があり、研究に参加している子どもや若者を撮影したり話しかけたりしたがります。これは守秘性（3章）に関する問題を引き起こします。若者はしばしばニュースに出たがります。しかし研究者は子どもが公共の報告で自分が何者かを述べたり、他者によって特定されたりする危険に慎重でなければなりません。この問題は、描写のされ方によって、子どもが非常に動揺したり憤慨したりすること、からかわれたりばかにされたりすること、友達を失うこと、さらに彼ら自身や仲間や学校が望まない世間の注目にさらされることなどに関係しています。見知らぬ人が彼らに連絡し、搾取し、脅したり、危害を加えたりもするかもしれません。プライバシーや個人の信用、そして安全を尊重する研究倫理が忘れられるかもしれません。

反対に、子どもや若者は公表されることを楽しみ、彼らの成功にとても喜びを感じ、メディアの支持の助けによって目的とする政策変更を達成するかもしれません。若者と一緒に若者について制作された肯定的なニュースの物語は、

一般的に否定的な物語やイメージに異議を唱えるのに役立ちます。

　英国の児童の権利連盟は、「別の観点（Another Perspective）」（CRAE, 2009b）という報告書の中で、ジャーナリストが、子どもを大人と同等レベルで尊重することによって、子どもの権利や平等をいかに促進できるかを説明しています。ジャーナリストは、黒人や障害者や他のマイノリティの大人集団に接するときとは比べものにならないやり方でしばしば子どもを侮辱することがあります。この報告書は、調査報道や社会運動を目指すジャーナリストが、いかに次のようなことができるかについて示しています。すなわち、不正を報告し、進歩を認め、社会運動グループとともに肯定的な印象を促進し、背景を調べ表面的な物語を超えるような子どもについての報道や分析の余地を作り出し、子ども時代に関するイメージやその描写に注意を払い、子どもや若者とともに仕事をし、彼らの最善の利益を考慮し、いっそう若い読者の興味を引き情報提供するやり方で報告する、などのことです。この報告書には、有用な情報源と連絡先のリストがあります（CRAE, 2009b）。

【ボックス9.4】メディアと積極的に仕事をする

エイドリアン・カッツ、若者の声

　私たちは公正で敬意に満ちた報告書を作るためにメディアと協同しようとしています ── これは複雑で困難な目標です。メディアを「制御する」のは不可能ですが、このような取り組みは役立ちます。

- 彼らの仕事を継続して追跡することによって目標とするジャーナリストを選ぶ。侵入的あるいは扇情的な人は避ける。守秘性など、あなたの仕事のやり方について、彼らとの間で明白にする。「サマリタンズ（The Samaritans）」〔自殺予防電話コンサルテーションのボランティア組織〕(2008) には、メディアとの良い実践のガイドラインがある。
- あなたの研究に関与している若者がメディアの仕事をしたいと思っており、ジャーナリストが彼らと話したがっている場合には、まず若者に確かめ、その後彼らにジャーナリストの電話番号（あなたがその人を良いと認めるならば！）を渡す。決してジャーナリストに若者の電話番号を渡さ

ないこと。16歳未満の若者に対しては、両親の許可も得ること。若者は取りやめることができること、あなたを喜ばせるためだけにそうするのではないことを明確にすること。
- 若者と彼らの権利について議論する。彼らはジャーナリストの草稿を読むことを主張できるだろう。若者は誤って引用されるかもしれないことを理解しているだろうか？　自分たちの言ったことの記録を保存すべきだろうか？　あなたはその会合を傍聴しないが、若者たちと一緒にインタビューに出向くと申し出ることができる。
- 私たちは、たとえばレストランに連れて行ったり、商品券による買い物、あるいはロンドン観光、などによって私たちのためにメディアの仕事を行う若者に感謝を示す。そこで、私たちはインタビューの後で、援助を申し出ることができる。私たちはしばしば、彼らの時間、描画、あるいは写真に対して感謝の商品券を渡している。
- 私たちはそのすべての権利を所有する写真つきの新聞を発行している。写真の中のすべての若者モデルは、この画像をさまざまな用途で使用することに関する同意書に署名している。16歳未満の若者の両親も一緒に署名をする。ジャーナリストのインタビューを受けたり写真を提供したりする若者のために、私たちは料金の交渉を行っている。（そして、特定個人の応答が警察その他のいかなる人にも決して渡されないよう、個人情報は他のすべての資料とは異なるファイルに保存している。【ボックス7.5】を参照。）

批評者的な読者と観察者

　この最後の節では、政策立案者、子どもや若者とともに仕事をする人、そしてジャーナリストが、研究結果をどのように解釈し、応用するのかについて概観します。彼らの反応は、研究が一般的に理解され、利用される方法に強く影響します。【ボックス9.5】には、報告書のどの考えを受け入れ、応用するのか、そして読者の仕事を通して普及させるのかについて決定するときに、批評者的な読者が用いる方法をリストにしています。

【ボックス9.5】批評者的な読者のための倫理的問い

報告された研究は効果的であり、時間と資源の浪費ではないでしょうか？ たとえば ──

- 研究方法は目的や問題に適切で、これらを明確に結果や結論と結びつけているだろうか？
- その関連性は十分よく議論されているだろうか？
- 標本や事例は、結論を支持するために十分な証拠を提供しているだろうか？
- 児童期や若者についてのどのようなモデルをもっているのかについて、著者は説明したり、暗示しているだろうか？ 尊重しているか、現実的か、肯定的か否定的だろうか？
- 研究者は若者を研究対象として、あるいは参加者として、または協同研究者として扱っているだろうか？
- どのような倫理的問題であれ、それについて考え、解決しようとしたことを研究者はどのように言っているだろうか？
- 同意について彼らはどのように言っているだろうか？
- 彼らは報告書の中で、研究を手伝った若者に謝辞を示しているだろうか？

子どもに対する根本的な態度と3つのP

子どもの権利は3つのP「3 Ps」に分けることができます。保護すること（Protecting）、子どもに提供すること（Providing）、彼ら自身の考えを表現し、家族やコミュニティに寄与するなど、参加する（Participate）よう子どもや若者を励ますことです。3つのPは部分的に重なっておりしばしば相補的ですが、異なる強調点を持っています。研究の主題、方法、結果を通じて、著者は3つのPのどれを強調しているでしょうか？ 子どもの3種の権利に関する著者の見解は、彼らが子どもをどのように見てかかわるのかに関する試金石となりえます。

- 「保護」と管理が必要な被害者または問題児として。
- 支援や他の「提供」を必要とする依存者として。
- または問題を明確にして解決するときに協力しあう「参加者」として。

10章では、普及の話題を、研究の公表と利用が子どもや若者に与えうる影響を見ることによってさらに続けます。

問いのまとめ

- 研究デザインは研究報告や公表をするために十分な時間を用意しているだろうか？
- 報告書は偏りがなく十分な範囲の証拠を示しているだろうか？
- 研究に関係した子どもや大人に、主要な研究結果の短い報告が送られるだろうか？
- 得られた知識が社会でより公正に共有されるために、研究は学術的な専門家の雑誌だけでなく一般向けにも報告されるだろうか？
- 学会やメディアでの報告は、一般の人びとの情報を増やすためにも用意され、また同様に研究を援助することは価値があると人びとが信じることを促すようにも用意されているだろうか？
- 研究結果を利用する実践的方法について互いに話すために、研究者は実践家に会うだろうか？

10章　子どもへの影響

　倫理ガイダンスのほとんどは、データ収集段階における参加者にとっての個人的負担と利益にかかわるものです（2章）。公表された報告書が持ちうる影響の倫理に関しては、その研究にかかわった子どもについても、関連する集団の子どもや若者についても、ほとんど言及されていません。彼らはどのような利益を得たり、損害を被るのでしょうか？　研究は世論やメディアの論調、専門的な政策や実践に影響するとき、研究者と子どもの個人的な関係を超えて、非常に多くの子どもに影響を及ぼすことができます。たとえば、10代の親やストリート・チルドレンに関する研究報告書は、彼らへの尊重と実践的援助を拡大させるでしょうか、あるいは彼らへの偏見を拡大させるでしょうか？　研究者は自身の研究結果が利用されるしかたを完全に統制することはできませんが、検討する課題、問題と方法、得られた結果を解釈する方法と使用する用語を選択することはできます。

　この章は子どもや若者に関する研究の社会的文脈、研究報告書が彼らに対して持ちうる集合的影響力、そして時に予想外の効果について検討します。子どもや若者と力を共有することが何を意味するのかを考察し、肯定的イメージの利用を検討して終了します。

　すべての社会調査研究とコンサルテーションは、知識、資源や管理がいかに平等に共有されているかを検討するなどのように、政治的側面を持っています。中立だと見なされていた伝統的な家族研究は、大人中心のものであったことが示されています。たとえば研究者が、単位としての家族全体ではなく子どもに注目して見てみると、社会や家庭で、子どもがめったに空間や資源の平等な分配を得ていないことがわかります。家庭では、多くの高齢者がいくつもの自分用の部屋を持っているのに対して、幼い子どもは一人につき一部屋以下で住んでいる傾向があります（Gordon et al., 2000; Hood, 2004）。倫理的研究についての議論は、研究がそのような大人と子どもの間の不平等を隠すのではなく、いかに明らかにするかを検討することを含みます（前の各章、特に4章参照）。

研究は子どもと若者にどのような集合的影響力を持つのか？

　研究の影響力には、研究の最中の若い研究参加者への影響と、研究結果がすべての他の類似した子どもや若者に関する態度や政策、そして彼らへの支援に与えるかもしれない長期間の影響とがあります。その効果には意図的なものもそうでないものもあるでしょう。

　一つの例は、医療研究に関する慈善活動広告におけるイメージの使用です。最近まで、囊胞性線維症に関する研究資金を募るために、病的に痩せ細った子どものイメージが用いられていました。医療研究のおかげで、囊胞性線維症の大部分の子どもはもはや痩せ細っていたり病的には見えず、その多くが中年に至るまで十分に生存することが期待できます。囊胞性線維症の若者は一般の人びとの偏見によって、人びとが彼らを元気の良い個人として、雇用可能性のある者として、ローン資格者、パートナーとして見ようとしないことに不満を持っていました。医療研究の資金が、研究が今日提供する利益を若者が十分に得ることを押しとどめるような否定的な標語とイメージによって募られるなら、それは逆効果となります。

　もう一つの例は、十代の親に関する研究で、彼らに対する烙印や敵意から生じる問題にもかかわらず、多くの親がとてもうまくやっていることを研究は見出し続けています（Carter & Coleman, 2006）。

　若い亡命希望者に関するメディアの報告は、彼らの窮状や収容施設における待遇にしばしば同情を示しつつも、敵意に満ちている傾向があります。コミュニティにおける大人の間の緊張した人種的関係はしばしば報告されますが、英国の若者と若い亡命希望者たちが学校で築くことができる親しい関係についてはほとんど知らされません。亡命希望の友人が拘留を宣告されて追放されたとき、学生たちのさまざまなグループが抗議しました。そしていくつかのグループでは、なんとか宣告の取り消しを得て、若者たちが学校に戻ったのでした（Pinson et al., 2010）。そのような肯定的な事例を広く公表し、世論に情報提供したいと望む研究者は、彼らの研究結果が若者についてであるとき、不利な立場の集団についてであるとき、そして人種的、宗教的少数派についてであるとき、二重三重の偏見に立ち向かうことになります。このような成功や団結についての研究を報告したり、社会的態度や政策からいかにして問題が生起しうるかを

検討し、また若者の活動に対する若者自身の理由を分析するジャーナリストはほとんどいません。そこで多くの研究者は、不当に発表されるといけないので、子どもに関する彼らの研究をメディアで報告することに慎重になります。黙って静かにしているか、若者を傷つける可能性があるやり方で誤って報告される危険を冒すかというこの問いは、研究者が個人では解決しがたいものです（とはいえ、【ボックス9.3】と11章参照）。

もう一つの問題は、研究報告書がほとんど影響力を持たない場合です。結果の政策実施には時間がかかり、複雑です。子どもや若者とかかわり、彼らの意見を報告する研究者は、ほとんど影響力を持たないこともしばしばです。子どもと若者の参加型プロジェクトの検討からは、若者らの想像的かつ創造的な考えが政策実施されることは極めてわずかだとわかりました（Willow et al., 2004;およびPercy-Smith & Thomas, 2009 参照）。「子どもと若者は何年にもわたって、同じ重要な意見を意思決定者に伝えてきたが、…それにもかかわらず、健康、教育や社会福祉などの主要な福祉領域における戦略的計画の発展に〔何らかの〕影響を与えたという証拠はほとんどない」（Donnelly, 2003: 3; およびKirby et al., 2003 参照）。

研究による子どもへの影響を検討する

研究がどのように子どもに影響するかという倫理的検討に対する主要な問いは以下の通りです。

- 研究に直接参加した子どもや若者、あるいは関連する集団に属する子どもや若者に対して、研究報告書が持つ計画された影響および可能性のある影響は何だろうか？
- そして、場合によっては、研究自体をそもそも行うべきだろうか？

政府は国連児童の権利委員会に対して、5年ごとに国連児童の権利条約（UNCRC）のすべての側面での政策実施の進展について報告しなければなりません（すべての報告書と委員会の返答はサイトに掲載されています。www2.ohchr.org）。多くの国で、子どもたちのために働いているNGOが並行して、通常いっそう厳格に、5年ごとに加えて年次報告書を発表しています（英国に関しては

www.crae.org.uk 参照）。子どもや若者について彼らとともに行う研究やコンサルテーションに関して、おそらく同様の概評や監査報告書を定期的に作成できるはずです。それには以下のことが含まれるでしょう。

- 主要領域、学問分野、関係機関
- 資金の提供元と金額
- 子どもに影響する問題に関するが、大人の利益や活動や意見のみを考慮に入れた研究
- まだ研究されていない、子どもにとっての重要な問題
- 子どもについて、および／または子どもとともに行う研究の方法と価値
- 誰が同意を与えたか
- 計画から政策実施に至るまで研究のいずれの段階でも、子どもや若者にかかわってもらうこと
- データと結論における一般的傾向は、肯定的か中立かあるいは否定的な強調をしている
- 政策や実践とのつながりの有無、そして政策立案者の反応
- 研究についての報道メディアによる公表
- 研究はいかにして児童期や若者に関する肯定的、あるいは否定的見解を促進するか

　たとえ最も大きな社会的資金提供者や研究拠点のほんの一部だけがそのような研究報告書を作成したとしても、その研究結果は将来の倫理と政策検討と計画に役立つでしょう。
　研究が長期的な影響を持つとき、結果としての政策変化によって子どもは以下の3つの方法で影響を受けるでしょう。

- 政策は今すぐに子どもに影響を及ぼすかもしれない。
- 政策は将来、子どもが大人になったとき、彼らの子どもへの影響を見るときに影響を及ぼすかもしれない。
- 影響は今日の子どもが年をとり、研究者がいなくなったかなり遠い将来にまで続くかもしれない。

　これら3つの影響のしかたは、現在の研究と未来の政策の計画を援助すると

いう、いっそう大きな役割を果たす資格を子どもたちに与えます。

肯定的イメージ

　1990年代半ばから、主要なNGOは食糧飢饉を訴えるのに、飢えてなすすべもない乳児のイメージではなく、積極的に水を集める子どものイメージを公表するなど、肯定的な写真を用いるようにしてきました。感傷的で、品位を傷つける、益ともなるが危害ともなる依存的な写真を避けたイメージを通して、彼らは子どもの尊厳の尊重を促進してきました。この肯定的指針はまた、研究の課題、主題、見出し、問い、そしてその報告の言語と調子によって、研究にも応用できます。侮蔑的な烙印を減らし、尊厳を増大させるキャンペーンは、最初は女性や障害者の運動から、また黒人の自尊心（Black Pride）キャンペーンから始まって、一般の人びとの態度や言語を変えてきました。子どもと若者に関しては、まだまだ多くの達成すべきことが残っています。彼らは他の少数派集団に対しては考えられないような方法で、日常的に公然と「ちんぴら」と誹謗中傷されています。先入観、差別や否定的偏見を撲滅する機会均等の基準は、研究の最初の計画から最後の公表までのすべての段階で子どもや若者集団を取り込み、彼らを尊重するという目的にかかわっています。11章では、将来の政策に提案するために、本書を通して掲げてきた実践的な諸点を要約します。

問いのまとめ

- 研究に関与した子どもへの影響のほかに、研究の結論はいかにより大きな子ども集団に影響するだろうか？
- 研究においてどのような児童期モデルが仮定されているだろうか？　弱く、傷つきやすく大人に依存している子どもだろうか？　未熟で不合理で信頼できない子どもだろうか？　成熟した道徳の担い手としての能力ある子どもだろうか？　消費者としての子どもだろうか？
- このようなモデルが、データ収集や分析の方法にどのように影響するだろうか？
- 研究は反省的で、研究者は自身の先入観について批判的に論じているだろ

うか？
- 彼らは証拠から結論を導こうとしているだろうか、あるいはデータを彼らの意見を支持するために使用しているのだろうか？
- 彼らは報告書において肯定的イメージを用いようとし、汚名を着せたり、差別する表現を避けようとしているだろうか？
- 子どもが大人によって計画された道筋を通じてのみ公に話すことができるということを自覚しながら、子どもに傾聴し、子ども自身の表現を用いて子どもに報告しようとしているだろうか？
- 彼らは公平な研究と、子どもの価値と尊厳に対する尊重との間の均衡を保とうとしているだろうか？

11章 結　論

　本書の初期の2つの版が1995年と2004年に出版されて以来、以下の領域に大いに好ましい発展がありました。

- 直接的に子どもとともに行う、子どもによる研究とコンサルテーション
- 子ども自身の意見と経験の報告
- 子どもとともに用い、また子どもによって用いられる多様な方法
- NGOによる研究や他の大陸における子どもとともに行う研究からの、価値ある教訓
- 子どもの権利と参加への尊重
- 公的な研究倫理委員会と社会調査研究のための倫理研修
- 社会調査研究とコンサルテーションにおける倫理についての関心

　次の15年間には、おそらくさらにいっそう大きな変化が期待されます。

個人とチームの今後に向けた方法

　将来、以下の傾向をさらに促進し、発展させることを私たちは提案します。

- 研究のすべての側面における倫理的問いと基準の使用に関して、研究者の間で理解が増大すること。
- 研究倫理基準を無視することの危険に対する恐れによってではなく、有益な点を見ることによって基準を高める意欲。
- 公正と権利の尊重の倫理、方法と結果、すべてが互いに補強しあい、子どもとともに行う参加型研究が増加すること。
- 一般の人びとやメディア、政策が子どもの能力に関する研究に注目し、

いっそう情報に基づき敬意にあふれた包含的コミュニティを促進すること。
- 研究の最中における子どもへの影響に関心を持ち、子どもに対する尊重に基づいて新しい基準を計画すること。
- 倫理的研究やコンサルテーションの知見を応用することに関して、政策担当者や子どもや若者とともに働いている人による関心が増大すること。

個人のみでは解決できない問い

　上記の諸点の多くは、単独で研究する個人や研究チームによっても達成できます。しかしながら、もし特定のさらなる問いが適切に扱われることになるなら、研究者にはより上位の機関からの援助が必要です。それらの問いは、そのいくつかについてはすでに提起しましたが、以下のことを含みます。

- どのようなときに私たちは子どもの同意だけに頼ることができ、両親の同意を求める必要がないだろうか？
- もし両親が拒否した場合、同意している子どもを参加させることができるだろうか？
- 子どもが研究に参加することに同意をする能力があるかどうかを調べるための、十分に単純な合意された方法はあるだろうか？
- 正当な倫理基準を満たすための時間がない場合に、学士や学位のための研究を行っている大学生および大学院生は、直接子どもや若者とともに研究をすることを許可されるべきだろうか？
- 目的から影響までの研究のすべての過程を通じた子どもへの尊重は、研究を計画し、資金提供し、精査する人によって、いかにしていっそう真剣に受け止めてもらうことができるだろうか？
- 研究が虚偽の、あるいは苦痛を与える方法や否定的な質問事項を含むときには、研究についての、そして学生の訓練手順についての現在の方針は修正しうるだろうか？
- 資金提供者は、子どもとの仕事を準備し追跡調査を行う倫理的な包含的プロジェクトの追加費用を、より慣例的に援助できるだろうか？　また、低経費の短期研究において、資金提供者と研究者はいかにしていっそう高い

倫理基準を促進できるだろうか？
- 一部の研究に対しては慎重な研究倫理委員会の審査を行うが、他の研究に対しては審査がないというような二重基準は正当化できるだろうか？
- 現在ジャーナリストが人種差別主義と性差別主義を避けるのと同じように、研究者とジャーナリストは協力して、子どもや若者とともに行う研究についての正確で敬意に満ちたメディアによる報告を、いっそう促進することができるだろうか？

社会調査研究倫理機関の必要性

　上述の問いに個人や研究チームが単独では回答できないいくつかの理由があります。これらの問いには、論理と証拠に基づいた単純な答えがありません。その代わりに、価値、正義、尊重、保護、既得権益にかかわっています。保健領域の研究者は今では、他の集団が異議を唱えるかもしれないので、倫理の問いを個人であるいは当事者ではない選ばれた人びとの集団が単独で、説得力を持って決定することはできないと認めています。研究者は、たとえば単に「私は研究者ですから信頼してください」と言うことによって、患者の同意を得ることを回避できません。批評家たちを納得させるためには、研究者は、英国であれば研究倫理委員会本部（Central Office for Research Ethics Committees: COREC）やその連合（AREC）によって支えられている、研究倫理委員会（Research Ethics Committee: REC）や機関審査委員会（institutional review board: IRB）といった尊重され独立した権威によって合意された基準に対する確固たる支持という、一般的に認められる状態を必要とします。

　信頼できるものにするため、研究倫理委員会は、時に矛盾する参加者、研究者、研究の利害関係を認め、何よりも参加者の利益を尊重することを目指します。倫理基準を強要しようとすることは、尊重の原則を否定し、失敗するだけでしょう。研究倫理委員会は、互いに異議を述べあう、多様な背景をもつメンバーからなっています。彼らは意見の相違を討論し、妥協を通して合意へ至るべく、すべての利害関係者の間で倫理基準について交渉します。すべての参加者を尊重し、同意を得るという大規模な同意過程においては、すべての関係者が新しい基準を承認し、「自分のものとする」よう励ますために、教育と説明が必要になります。これは基準を改訂し、高め、新しい領域の研究の挑戦に応

じていくという継続的な政治的過程です。これらは国際的、学際的研究プロジェクトなどの新しい協同を含み、ゲノム科学やバイオバンクから最年少児の意見までの新しいテーマを含み、ウェブサイトやチャットルームなどの新しい研究メディアも含みます。

　保健医療研究者は、30年前には研究倫理を退ける傾向にありました。しかし、現在彼らは研究倫理委員会の承認を、大いに必要で有用な保護と見なしています。システムには非常に欠陥がありえますが（Jaffer & Cameron, 2006）、システムがまったくないよりは良いと、一般に受け止められています。たとえばすべての大学で、社会調査研究の研究者は同様のシステムを構築していますが、彼らははたして、より良いものへ高めようとしているでしょうか？　社会調査研究は、医療研究倫理の運営と訓練に対して製薬会社によって支払われる気前の良い資金を持っていません。しかし同様に社会調査研究は、有り余る資金提供が育む、付随した不正という危険も持ちあわせていません。コバート研究を許可し、研究倫理委員会の承認を求めない、かなり手ぬるい英国心理学会（British Psychological Society: BPS, 2009）や英国社会学会（British Sociological Association: BSA, 2002）のガイドラインは、社会調査研究が保険医療研究の研究倫理基準に到達するには未だ途上にあることを示しています。

国家指針の概要

この節では重要点を要約し、以下の提案をします。

- より高い基準を促進するために、より強力な社会調査研究倫理機関が必要である。
- この機関は、たとえば広範囲の利害関係者や部外者あるいは本当に関係のない「非専門家」を含めることによって、十分に独立して公明正大であり、かつそのように見なされる必要がある。
- この機関にかかわるこれらの人びとが、合意された基準を次第に「自分のもの」として同意し、あるいは少なくとも受け入れるようになるために、この機関は交渉と合意を通じて、また説明と教育を通じて仕事をする必要がある。
- この機関は、研究者と研究対象者との大変不平等な関係において欠くこと

のできない倫理的調停者でありえる。
- この機関は研究者が説明責任を果たし、倫理基準を認識し、それを満たそうとすることを助ける。

いくつかの社会調査研究倫理委員会はこれらの活動を行っています。私たちは、彼らの活動が、社会調査研究の倫理に関する全国的な評議会を通じて明確化され、統合され、強力化されうると結論づけます。その評議会は以下のようなものであるべきです。

- 社会調査研究の主要な専門分野と専門職のすべてにわたっていること。
- 主要な資金提供者、委員会、専門学会、そして行政、任意の志願者、学術的および商業的研究機関からの代表を含んでいること。
- 独立した「非専門家」メンバーとして研究参加者、大人や若者を含み、そして可能なら「非専門家」が議長となること。
- 倫理と法律問題の専門家を含めること。
- 十分な資金提供を得ること。
- 幅広いコンサルテーションを通じて全国的ガイダンスに対して合意し、それを定期的に再検討し、修正すること。
- 社会調査研究倫理に関する会議、訓練、教育課程や討論を促進すること。
- ローカルな研究倫理委員会の効果的なネットワークを促進すること。
- どのような種類の社会調査研究やコンサルテーションが、そうした場合があるとして、研究倫理委員会の審査を受ける必要がないかについて承認すること。
- ローカルな研究倫理委員会では解決できない困難な問いに関する助言をすること。
- 研究を政策、実践、一般の人びとの討論に結びつけるために、政府やマスメディアなど全国的機関とともに働くこと。

おそらく評議会では、研究が繰り返し子どもと若者（そして多くの大人）の意見を報告するのに、なぜこれらの意見が未だに無視されているのかについて、全国レベルで、政策立案者や支援提供者と意見を交わすことができるでしょう。

研究は行う価値があるか？

　方法や手順に関する章では時に見失われてしまったように見えたかもしれませんが、私たちはこの根本的な問いから開始しました。研究の内容と目的が、まだ明確に解答されていない、価値のある質問に答えるように計画されていないとしたら、それでもなおその研究は倫理的でありうるでしょうか？　そして価値ある倫理的研究はまた、子どもとその権利を尊重することが必要でしょうか？　この節では、研究のいくつかの最近の傾向、およびそれらが将来に対して提起する倫理的問いについて概説します。

　英国の大学における援助サービスと管理は大変拡大しており、それは研究経費を増加させています。そこで研究者は今では高い諸経費を算入した補助金を調達する（または獲得する）ことが必要です。これらの補助金は主に政府の研究に関する評議会と省庁から提供されていて、現在では、公益基金から提供されることはほとんどありません。公益基金はより柔軟に子ども中心の革新的研究に資金提供しますが、諸経費は賄えません。次第に、大きな資金提供者は研究課題、問題、方法や目的を課すようになってきており、それは政府の子ども政策「すべての子どもが大切（Every Child Matters）」の価値観を反映しています（HM Treasury et al., 2003）。その政策は次の課題を強調しています。児童期のコスト；親の雇用促進による貧困の減少；子どもが高収入を得る大人になる可能性を達成せず、代わりに保健、社会あるいは刑事司法支援事業を枯渇させるかもしれない危険性。このような課題は、子どもに対する一種の予防、警戒、さらには敵意として理解される可能性があります。米国の人類学者が軍事防衛に引き込まれているという懸念があります（Price, 2008）。英国の国際援助と開発は、防衛政策を補う大変複雑な方向で拡大してきています（Department for International Development, 2009）。児童期や若者に関する研究が、たとえば世代間の緊張などの、多少とも類似した政府の防衛上の懸念と管理に引き込まれていないかどうかを問う価値があります。子どもの発達に関する研究は、どのように、国際的開発や防衛に関係するでしょうか？

　数百万ポンドのプロジェクト ── 臨床試験、評価やコホート研究 ── は巨大なビジネスです。そうしたプロジェクトは多くの助手を雇い（専門的なデータ収集、照合、検査をする）、豊富な資源をよりうまく使用するため、また巨大

な経費を賄う助けとするために、彼らのデータを二次的分析に向けて売り出すかもしれません。以下は、このような動向が世界のいたるところで研究責任者と資金提供者に対して引き起こす、問いのいくつかです。

- 大きな数量データセットの中で、そして大きな階層を成す研究チームにおいて、いかに子どもの（そして若手研究者の）意見が聞きとられ、尊重されるだろうか？
- 大きなプロジェクトの目的や経過における経済面の強調は、子どもを人としてよりもむしろ分析の経費の単位として見なす可能性があるのではないだろうか？
- 子どもと両親の多様な関係性や経験への尊重よりも、家族の機能への強調がないだろうか？　そして不当に狭い基準を促進することの結果はどのようなものだろうか？
- 研究はどのように、子どもの将来の大人としての可能性とともに、子どもの最善の利益と、現在の幸福を促すだろうか？
- 研究はどのように、解放型参加方法や（否定的であるよりむしろ）肯定的な質問を用いて、子どもの考え方を調べているだろうか？
- 家族内の問題に対する注目は、家族への経済的、政治的、そして社会的な圧力との関係によって比較考量されているだろうか？　子どもの幸福に対する政治家の責任が、適切に扱われているだろうか？
- 児童期に対する暗黙のモデルはどのようなものだろうか（寄与するもの、被害者、経費、危険としての子ども）？　そして、たとえば恵まれない条件の子どもに対するいっそう暗い見通しのように、過度に否定的なモデルがどのように宿命論的な自己成就的予言になるだろうか？
- 評価は、児童期の肯定的な側面に、そして支援の弱点に十分に注意しているだろうか？
- 研究はその権限と方法において、いかに公正を促進し、厳しい経済的、生態学的問題、そして将来の世代が直面する負債を扱うだろうか？

そして最後に

本書全体を通じて、私たちは第一に子どもと若者を保護し危害を防ぎかつ減

らす方法に注意を払うこと、そして第二に子どもと若者に尊重してかかわり、彼らに傾聴し彼らから学び、そして彼らを沈黙させ排除することを避ける方法に注意を払うこと、この二点の均衡を保つことを目指しました。私たちは、危害を与える研究や無用研究から子どもを保護すること、あるいは子どもの参加や興味を促進することのどちらにおいても、現在のシステムでは不十分であると指摘します。私たちは、子どもにかかわる本書の大部分が、他のすべての研究参加者、特に恵まれない立場の人にも当てはまることを指摘します。私たちは、本書が、研究の倫理基準を高めることにおいて、地域的、全国的な議論や行動を促すことを望んでいます。

訳者あとがき

本書の重要なテーマ

　私たちに「倫理的」直観があることは事実で、それが生得的で普遍的なものなのか、あるいは生育過程での学習で方向づけられたものなのかは未だに不明である。しかし、この「倫理的」直観の存在から類推して、「研究倫理」を人間の普遍的な道徳観や倫理観に基づく普遍的なものと思い込み、全ての文化社会、研究領域にあてはめることに疑いを持たないことは適切ではない。

　かといって、個々の文脈によって研究倫理が異なる可能性は、研究の「倫理規程」に標準的な性質を求めることができないことを意味しているのではない。具体的な倫理的問いと対処法の吟味といった、根拠に基づく検討は倫理規程自体に文脈を超えた統合性をもたらし、標準的な倫理規程を作りだすことを可能にする。本書の成果もそこにあると考える。

　日本の発達研究の現状よりもかなり早くから、子どもの関わる研究倫理の必要性を意識し、実際に整えてきた欧米だが、いまだに成人の研究に比べて未解決の課題がある。2011年に旧版を改訂し出版された本書は、倫理規程を実践的に活用するときの問題を指摘し、規程内部の相互矛盾、規程と実践の矛盾、などの問題に触れ、現時点での解決法を考えている。

　まず、著者たちの目標とは、子どもを守り、害を防ぎ、尊重し、彼らと協同し、彼らの言うことを傾聴し、彼らから学ぶという意味で、子どもに関わる研究は、彼らを沈黙させ除外することを避けなくてはならないことを世に伝えることである。しかし、現状のシステムでは、子どもに害の及ぶ無用な研究から十分に子どもを守り、さらに彼らの参加や興味を促進することができないと考えている。そのような現状を訴えつつ、本書の筆者らの拠って立つ立場では、子どもの権利の保護、個としての尊重、平等な協同を強調する理論的立場から、子どもの研究活動への自主参加を促すこと、彼らの声を聞き、そこから学ぶということが、実際に実践され、10代までの子どもの研究成果が公表されている。

　訳者である私自身の関わる園の長期縦断研究でも、保育士と発達研究者、子どもの3つの観点から現状を見ていく試みを行ったりもした。しかし子どもと

の協同は十分には果たせなかった。本書のように子どもに研究活動への自主的参加を促すことが、子どもや子どもの考えを尊重することになるかというと、日本の現状では疑問である。それはやはり大人と子どもが平等な相互関係にないことだけではなく、子どもの側から提唱された活動に研究者の側が参加するという逆方向の参加形態がないからである。社会的文化的歴史的な基盤が十分に整わないまま、子どもを参加させることは民主的なようでそうでないことがあり、表向きは平等でも、子どもにとっては大人からの圧力になりかねないことに注意が必要である。日本においても、本書の著者が問題にするように、子どもの「保護」と子どもの「自主的選択を認めること」は拮抗する可能性があるため、そのバランスを注意深く確認する責任が大人にあるという指摘は重要である。

本書の訳出の方針とコバート研究

　子ども・青年に関わる研究をする異なる分野の読者が読んでも分かりやすい訳文になるよう、英語、特に英国英語の文体の直訳っぽさが残ることを恐れず、主語、述語などの論理的関係が明確になる方を優先した。
　翻訳なので、原文の用語はできるだけカタカナにせずに日本語訳にするようにした。医療、福祉関係の訳語はその専門領域の定訳になるべく従うようにしたが、全体の一貫性と統一を重視したため、専門領域の訳とは異なる訳出になっている可能性もある。
　インフォームドコンセント、アセントなどの用語は学会や各国の事情などでニュアンスが違うこともあり、一義的な訳がつけがたいことから、日本語でも曖昧なままカタカナにすることが多い。コンセントは「同意」にするなど、本書の意向に沿って、なるべく矛盾や誤解がないよう一貫性をもたせて訳出した。
　その中で唯一最後まで訳語が決まらず、カタカナにした用語がある。covert researchのコバートは訳が難しく、最初は「虚偽研究、隠蔽研究」などの訳語を当ててみたが、新曜社の他の著作では「隠し研究」や「隠密研究」という訳が付けられているとのことだった。社会心理学専門の友人に聞いても定訳はないとのことで「私匿研究」という提案をもらった。結局どれもしっくりこないので、「コバート研究」にしてしまったのは情けないのだが、この尻尾のつかみ難さは、訳語の問題だけではなく、研究倫理の本質にかかわるものだから

だ。本書でも筆者たちはコバート研究に否定的である。しかし deception はだめでもコバートを許容する学会の倫理規程もある。したがって、使う人の立場によって異なるという白黒つけがたい用語のために、否定的、肯定的、さらにはニュートラルなものとしても、そういう価値づけをもたせた訳語を当てがたいのである。

　相手が子どもで理解できないから詳しい手続きを隠しておくということは日常的にもあるかもしれない。それは子どもの保護のためかもしれないが、子どもの知る権利や判断の自主性を損ないうる。要するに誰が誰に何を隠したり隠さないか、それは何のためか、このこと自体が本書で考察している倫理的な問題そのものだ。だからこそコバートの定義や訳が簡単には定まらないのかもしれない。

　本来は倫理的な目的に沿って明確化を目指すために作られたであろうこの研究用語が、さまざまな配慮から多様な価値観に立つ使い方をされることで、その指し示す意味を曖昧にされているのである。人は自分に都合よく現実を指し示すときに言葉の意味の射程を変えることができる。多義やダブルスタンダードどころか反対の意味にしたりすることもできる。オバート overt との対比であるコバートは、単純に考えれば、情報を白日の下にするオバートの逆の意味であるから隠すことである。その隠し方にどこまで、何を組み入れるか、その許容度が一義的に決まらず曖昧になっている。その曖昧さを解く鍵はまさに倫理的な基準なのである。筆者たちの観点から考えれば、社会調査研究の倫理規定を統一することができた暁には、コバート研究に否定的ニュアンスをもたせた日本語訳をつけることができるだろう。

本書の翻訳の経緯

　訳者が本書を手にしたのは 2011 年 1 月の本書の出版直後だった。それはこの著書が 1995 年の初版を改訂し新しく SAGE から出版されたときで、ちょうど訳者は倫理に関する原稿を執筆していたので、その参考用に読むことになったのだった。それまでは諸外国の学会の倫理規程や、倫理条項に関するガイダンスを読むことが多く、大人の被験者・研究協力者に対する倫理的問題を検討するものがほとんどだった。ところがこの著書はそれらとは違い、あくまで子どもや青年という年齢範囲の人たちに関わる倫理的問題から焦点をずらすことがない。これは発達研究をしてきた訳者には、一番共感できるスタンスだった。

訳者が倫理に関わるようになったのは、日本発達心理学会で倫理ハンドブック（『心理学・倫理ガイドブック——リサーチと臨床』2000, 有斐閣）を作るワーキンググループに入れてもらい、故古澤頼雄先生、都筑学先生と一緒に勉強をする機会をいただいて以来である。それは訳者の中で研究倫理への興味が発達研究のそれと重なる興味深い貴重な機会だった。その後、公益社団法人「日本心理学会倫理規程」（2009）の策定にも関わる機会を得て、心理学の各領域ごとに研究倫理の考え方や必要な観点に共通点と差異があることを深く学ぶことができ、発達研究者としての視点から研究倫理を考える自分のスタンスに改めて気づくことができた。この二つの貴重な機会を得て、研究倫理に関して多くの事を様々な資料から学んだときにも、子ども・青年という年齢範囲の人たちに特化した研究倫理の知識は、必ずしも十分に得ることができなかった。

　この間、日本よりも先んじて欧米の大学や研究機関のサイトでは様々な研究倫理に関する情報が蓄積がなされており、一つだけ子どもの倫理を考えているサイトに巡り合ってはいた（Ethical research Involving Children http://childethics.com/home/background/）。それが実は本書の内容ともかかわりが深かったのだが、そのことに気づいたのは本書を読み、本書に寄稿された事例や紹介されている研究グループを知ってからだった。要するに、子ども・青年に関わる倫理研究の流れを押し進めているのは、英国連邦諸国と国際連合の人権、児童の権利条約関連の組織に関わる研究者のようだ。本書の著者の一人モロウによる児童の権利教育のオンライン講義もジュネーブ大学提供で行われている（Children's Human Rights - An Interdisciplinary Introduction　https://www.coursera.org/learn/childrens-rights/home/welcome）。したがって、本書は大人の研究倫理では進歩しているように見える米国の研究倫理に関しての紹介は多くはなく、むしろアセントに関する米国の規程内容などを批判している。

　このような事情から、ちょうど倫理に関する別の原稿執筆が終わった時だったのでハイになっていたのだろうか、本書を気に入った訳者が、新曜社の塩浦さんに以下のような宣伝文句でずうずうしくも翻訳の提案メールをしたのが2011年9月11日の夜分の事だった。

　「研究倫理の本というとハウツーが多いですが、この著者たちは長年、社会科学の中での子どもをめぐる研究倫理について考えているので研究倫理規程の各項目についてのスタンスがはっきりしていて、医学系の倫理との違いを強調しており、とても共感を持ちました。日本ではどの学会でもまだ研究倫理規程を作ったということしか主張できていないので、この著者たちのスタンスは成

熟しています。また研究倫理はアメリカ主導で日本ではヨーロッパの状況があまり伝わってきませんが、この著者たちは英国の状況を発信しています。社会学、教育学の領域の著者なので、むしろ心理学よりも視野が広いです。その観点から子どもの権利や倫理を優しく主張しているので、子どもに関わる仕事を持つ読者には広く役に立つと思います。誰か訳してくれたら私もすぐに買います。」

　今読むと赤面ものだが、この厚かましい提案に、塩浦さんから許可を頂いたのは翌10月と早かったにもかかわらず、さまざまな些末な事情で完成がすっかり遅れてしまった。2015年9月には下訳が終わり、2016年の大学からの国内派遣研究期間に第2校正までたどり着いたものの、その後の校正などにも手間取り、結局6年の歳月を経てしまった。ここまで辛抱強くお待ちいただき、さらに励ましていただいたおかげで、日の目を見ることになったことは感謝してもし尽くせない。この間、塩浦さんはじめ編集部の皆様には多大なご迷惑をおかけしてしまったことを心よりお詫びしたい。また心理学の専門領域を大きく超える内容の本書には、翻訳上苦労する点も少なくなかったが、強力にサポートしていただくことも多く、心強い限りであったことも記して感謝したい。

　　　2017年9月8日

文　献

このリストは主として本書に引用した文献であるが、より包括的なものとするため、関連する他の文献も含めた。

Abebe, T. (2009) 'Multiple methods, complex dilemmas: Negotiating socio-ethical spaces in participatory research with disadvantaged children', *Children's Geographies, 7,* 4: 451-465.

ABPI (Association of British Pharmaceutical Industry) (2001) *Current Issues in Paediatric Clinical Trials.* London: ABPI.

Access to Health Records Act S.4. (2)(1990).

Age of Legal Capacity (Scotland) Act S.2.(4)(1991).

Ahsan, M. (2009) 'The potential and challenges of rights-based research with children and young people: Experiences from Bangladesh', *Children's Geographies, 7,* 4: 391-403.

Alderson, P. (1990) *Choosing for Children: Parents' Consent to Surgery.* Oxford: Oxford University Press.

Alderson, P. (1993) *Children's Consent to Surgery.* Buckingham: Open University Press.

Alderson, P. (1995) *Listening to Children: Children, Ethics and Social Research.* Barkingside Barnardo's.

Alderson, P. (1998) 'Living with cystic fibrosis', *Association of CF Adults Magazine,* Autumn: 8-9.

Alderson, P. (1999) 'Did children change or the guidelines?', *Bulletin of Medical Ethics, 150:* 38-44.

Alderson, P. (2000) 'Children as researchers', in Christensen, P. & James, A. (eds.) *Research with Children.* London: RoutledgeFalmer, pp.241-257.

Alderson, P. (2000a) 'School students' views on school councils and daily life at school', *Children and Society, 14*: 121-134.

Alderson, P. (2007a) 'Competent children? Minors' consent to health care treatment and research', *Social Science and Medicine, 65*: 2272-2283.

Alderson, P. (2007b) 'Governance and ethics in health research', in Saks, M. & Alsop, J. (eds.) *Researching Health: Qualitative, Quantitative and Mixed Methods.* London: Sage Publications, pp.283-300.

Alderson, P. & Morrow, V. (2006) 'Multi-disciplinary research ethics review, is it feasible?', *International Journal of Social Research Methodology: Theory and Practice, 9*: 405-441.

Alderson, P. & Goodey, C. (1998) *Enabling Education: Experiences in Ordinary and Special Schools.* London: Tufnell.

Alderson, P. & Montgomery, J. (1996) *Health Care Choices: Making Decisions with Children.* London: Institute for Public Policy Research.

Allen, G. (2005) 'Research ethics in a culture of risk', in Farrell, A. (ed.) *Ethical Research with Children* Buckingham: Open University Press, pp.15-26.

Alimo, K. & Klug, B. (eds.) (2002) *Children as Equals. Exploring the Rights of the Child* New York: University Press of America, Inc.

Amaya-Jackson, L, Socolar, R., Hunter, W., Runyan, D. & Colindra, R. (2000) 'Directly questioning children and adolescents about mal-treatment', *Journal of Interpersonal Violence, 15,* 7: 725-759.

Ames, P. (2009) 'Peru data gathering report 2008. Second qualitative round of data collection', Young Lives internal document/technical note.

Ansell, N. & Van Blerk, L. (2005) 'Joining the conspiracy? Negotiating ethics and emotions in researching (around)

AIDS in Southern Africa', *Ethics, Place and Environment, 8,* 1: 61-82

Armbruster, H. & Laerke, A. (2008) *Taking Sides: Ethics, Politics and Fieldwork in Anthropology.* Oxford: Berghahn Books.

Baughman, F. (2007) *The ADHD Fraud: How Psychiatrists Make Patients of Normal Children.* Victoria BC: Trafford.

Beale, B. & Hillege, S. (2004) 'Impact of in-depth interviews on the interviewer', *Nursing and Health Sciences, 6:* 141-147.

Beauchamp, T. & Childress, J. (2000) *Principles of Biomedical Ethics.* New York: Oxford University Press.〔ビーチャム，T. L.・チルドレス, J. F.／立木教夫・足立智孝・監訳 (2009)『生命医学倫理』麗澤大学出版会, 廣池学園事業部（発売）〕

Beazley, H. & Ennew, J. (2006) 'Participatory methods and approaches: Tacklingthe two tyrannies', in Desai, V. & Potter, R. (eds.) *Doing Development Research.* London: Sage Publication, pp.189-199.

Beazley, H., Bessell, S., Ennew, J. & Waterson, R. (2009) 'The right to be properly researched: Research with children in a messy, real world', *Children's Geographies, 7,* 4, 365-378.

Bell, M. (2009) *An Invitation to Environmental Sociology. Third Edition.* London: Sage Publications.

Bell, N. (2008) 'Ethics in child research: Rights, reason and responsibilities'. *Children's Geographies, 6,* 1: 7-20.

Beresford B. (1997) *Personal Accounts: Involving Disabled Children in Research.* London: The Stationery Office.

Biggs, H. (2009a) *Healthcare Research Ethics and Law.* Abingdon: Routledge.

Biggs, H. (2009b) 'Competent minors and healthcare research: Autonomy does not rule, okay?', *Clinical Ethics, 4,* 4: 176-180.

Borland, M., Hill, M., Laybourn, A. & Stafford, A. (2001) *Improving Consultation with Children and Young People in Relevant Aspects of Policy-making and Legislation in Scotland.* Edinburgh: The Scottish Parliament.

BMA (British Medical Association) (2001) *Consent, Rights and Choices in Health Care for Children and Young Pople.* London: BMA.

Boyden, J. & Ennew, J. (eds.) (1997) *Children in Focus - a Manual for Participatory Research with Children.* Stockholm: Radda Barnen.

Bradley, B. (1989) *Visions of Infancy.* Cambridge: Polity.

Bray, L (2007) 'Developing an activity to aid informed assent when interviewing children and young people', *Journal of Research in Nursing, 12,* 5: 447-457.

Brazier, M. & Lobjoit, M. (1991) *Protecting the Vulnerable: Autonomy and Consent in Health Care.* London: Routledge.

Brazier, M. & Cave, E. (2007) *Medicine, Patients and the Law.* London: Penguin.

Bricher, G. (2001) 'If you want to know about itjust ask: Exploring disabled young people's experiences of health and health care', unpublished PhD thesis, University of South Australia.

BERA (British Education Research Association) (1992) *Ethical Guidelines.* Slough: BERA.

BPS (British Psychological Society) (2007) *Conducting Research on the Internet: Guidelines for Ethics Practice in Psychological Research Online.* Leicester: BPS.

BPS (British Psychological Society) (2009) *Ethical Guidelines and Support: Code of Ethical Conduct.* Leicester: BPS.

Brooker, E. (2002) *Starting School: Young Children Learning Cultures.* Buckingham: Open University Press.

Brunton, G., Harden, A, Rees, R., Kavanagh, J., Olivers, & OakleyA. (2003) *Children and Physical Activity: A Systematic Review of Barriers and Facilitators.* London: EPPI-Centre, University of London.

BSA (British Sociological Association) (2002) *Guidelines for Good Professional Conduct and Statement of Ethical Practice; Statement of Ethical Practice.* Durham: BSA. Available at: http://www.britsoc.co.uk (accessed 18 February

2010).

Campbell, A. (2007) *An Ethical Approach to Practitioner Research.* Abingdon: Routledge.

Cambridge, P. (1993) 'Taking account of user choice in community care', in Alderson P. (ed.) *Disabled People and Consent to Medical Treatment and Research.* London: Social Science Research Unit, University of London, pp.28-37.

Candappa, M. (2002) 'Human rights and refugee children in the UK', in Franklin, B. (ed.) *The New Handbook of Children's Rights.* London: RoutledgeFalmer, pp.223-236.

Carroll-Lind, J., Chapman, J., Gregory, J. & Maxwell, G. (2006) 'The key to gatekeepers', *Child Abuse and Neglect, 30,* 9: 979-989.

Carter, S. & Coleman, L. (2006) *Teenage Parenthood.* Brighton: Trust for Study of Adolescence/Young People in Focus.

Cashmore, J. (2006) 'Ethical issues concerning consent in obtaining children's reports on their experience of violence', *Child Abuse and Neglect, 30,* 9: 969-977.

Children Act (England and Wales) (1989) PartV, 43 (8) London: HMS0.

Chakraborty, K. (2009) '"The good Muslim girl": Conducting qualitative participatory research to understand the lives of young Muslim women in the bustees of Kolkota', *Children's Geographies, 7,* 4: 421-434.

Cheney, K. (2007) *Pillars of the Nation: Child Citizens and Ugandan National Development.* Chicago, IL: University of Chicago Press.

Children in Scotland (2002) *Research/Consultation Guidelines.* Edinburgh: CiS.

Children's Forum (2002) 'A world fit for us', *Children's Rights Information Network News, 16*:12.

Christensen, P. & James, A. (eds.) (2000) *Research with Children. Perspectives and Practices.* London: RoutledgeFalmer.

Clacherty, G. & Donald, D. (2007) 'Child participation in research: Reflections on ethical challenges in the southern African context', *African Journal of AIDS Research, 6,* 2: 147-156.

Clark, A. & Moss, P. (2001) *Listening to Young Children. The Mosaic Approach.* London: National Children's Bureau/Joseph Rowntree Foundation.

Clarke-Jones, L., in Alderson, P., Clarke-Jones, L & Schaumberg, H. (2002) *Notes Towards an Evaluation of The Office of Children's Rights Commissioner for London: Phase 1. 2000-2001.* London: Social Science Research Unit, University of London.

Cleves School & Alderson P. (ed.) (1999) *Learning and Inclusion: The Cleves School Experience.* London: David Fulton.

Coad, J. & Evans, R. (2008) 'Reflections on practical approaches to involving children and young people in the data analysis process', *Children and Society, 22,* 1: 41-52.

Cockburn, T., Kenny, S. & Webb, M. (1997) *Moss Side Youth Audit: Phase 2, Indicative Findings in Employment and Training.* Manchester: Manchester City Council and Manchester Metropolitan University.

Cocks, A. (2006) 'The ethical maze: Finding an inclusive path towards gaining children's agreement to research participation', *Childhood, 13,* 2: 247-266.

Code of Practice Pursuant to Section 118(4) of the Mental Health Act 1983 (1990) London: HMS0.

Cohen, L, Manion, L. & Morrison, K. (2000) *Research Methods in Education.* Abingdon: RoutledgeFalmer.

Cooter, R. (ed.) (1992) *In the Name of the Child: Health and Welfare 1880-1940.* London: Routledge.

Coppock, V. (2005) 'Meeting the challenge? Voicing children and young people in mental health research', in J. Goddard et al. (eds.) *The Politics of Childhood.* Basingstoke: Palgrave Macmillan, pp.245-262.

COREC (2001) *Governance Arrangements for NHS Research Ethics Committees.* London: COREC.

COREC (2006) *Memorandum of Understanding between MHRA, COREC and GTAC.* London: COREC.

Coren, E., Hutch field, J., Iredale, W. & Thomae, W. (2010) 'Qualitative and quantitative findings from an evaluation of action for Children's National Child Sexual Abuse Services', report to funders. Available on request from esther.corencanterbury.ac.uk

Coyne, I. (2009) 'Research with children and young people: The issue of parental (proxy) consent', *Children and Society, 24,* 3: 227-237.

Coyne, I., Hayes, E. & Gallagher, P. (2009) 'Research with hospitalised children: Ethical, methodological and organisational challenges', *Childhood, 16,* 3: 413-429.

CRAE (2007) *Research Ethics Statement.* London: CRAE.

CRAE (2008a) *Get Ready for Geneva: Children and Young People's Report to the UN Committee on the Rights of the Child.* London: CRAE.

CRAE (2008b) *Full Report of the Child and Young People's Research, get ready for Geneva.* London: CRAE.

CRAE (2008c) *UK Implementation of the UN Convention on the Rights of the Child, England. Alternative Report to the UN Committee on the Rights of the Child.* London: CRAE.

CRAE (2008d) *State of Children's Rights in England.* London: CRAE.

CRAE (2009a) *State of Children's Rights in England.* London: CRAE.

CRAE (2009b) *Another Perspective: How Journalists can Promote Children's Rights and Equality.* London: CRAE.

Curtis, K., Roberts, H., Copperman, J., Downie, A. & Liabo, K. (2004) '"How come I don't get asked no questions?" Researching "hard to reach" children and teenagers', *Child and Family Social Work, 9,* 2: 167-175.

Danby, S. & Farrell, A. (2005) 'Opening the research conversation', in Farrell, A. (ed.) *Ethical Research with Children.* Buckingham: Open University Press, pp.49-67.

Davis, J. (1998) 'Understanding the meanings of children: A reflexive process', *Children and Society, 12,* 5: 325-335.

Davis, J., Watson, N. & Cunningham Burley, S. (2000) 'Learning the lives of disabled children: Developing a reflexive approach', in Christensen, P. & James, A. (eds.) *Research with Children.* London: Routledge/Falmer, pp.201-224.

Davis, J. & Hogan, J. (2003a) *Diversity and Difference Consultation and Involvement of Disabled Children and Young People in Liverpool.* Liverpool Bureau/The Children's Society.

Davis, J. & Hogan, J. (2003b) 'Research with children: Ethnography, participation, disability, self-empowerment', paper to ESRC Disability Seminar Series: *From Theory to Practice: Implementing the Social Model of Disability.* Edinburgh: University of Edinburgh.

De Block, L. & Buckingham, D. (2007) *Global Children, Global Media: Migration, Media and Childhood.* London: Palgrave.

Denning, L J in *Hewer* v. *Bryant* [1970] 1 QB 357, 369.

Dench, S. (2004) 'RESPECT: Professional standards in social research', *SRA News,* September.

Denzin, N. & Giardina, M. (2007) *Ethical Futures of Qualitative Research.* San Francisco, CA: Left Coast Publishing.

DfES (Department for Education and Skills) (2001) *Code of Practice Concerning Special Educational Needs.* London: DfES, paras 33: 15-16.

DfES (2001a) *Core Principles for the Involvement of Children and Young People.* London: Children and Young People's Unit.

Department for International Development (2009) *Eliminating World Poverty: Building our Common Future.* London: DFID.

DH (Department of Health) (1990a) *Patient Consent to Examination or Treatment* HC. (90)22.

DH (1990b) *Code of Practice Pursuant to section 118. (4) of the Mental Health Act 1983.* London: DH.

DH (2001a) *Consent - What You Have a Right to Expect: A Guide for Parents.* London: DH.

DH (2001b) *Research Governance Framework for Health and Social Care.* London: DH.

DH (2004) *The Medicines for Human Use Act: Clinical Trials Regulations.* London: DH. Available at: http://www.mhra.gov.uk (accessed 25 July 2010).

DH (2005) *Research Governance Framework for Health and Social Care,* 2nd edn.

London: DH.

DHHS (Department of Health and Human Services) (1991) *Code of Federal Regulations.* Washington, DC: DHHS.

Dockett, S., Einarsdottir, J. & Perry, B. (2009) 'Researchingwith children: Ethical tensions', *Journal of Early Childhood Research, 7,* 3: 283-298.

Dominelli, L. & Holloway, M. (2008) 'Ethics and governance in social work research in the UK', *British Journal of Social Work, 38,* 5: 1009-1024.

Donnelly, M. (2003) *Consulting Children and Young People in Liverpool.* Liverpool: City Council.

Dunn, J. (1998) 'Young children's understanding of other people: Evidence from observations within the family', in Woodhead, M., Faulkner, D. & Littleton, K. (eds.) *Cultural Worlds of Early Childhood.* London: Routledge, pp.101-217.

Edwards, A., Sebba, J. & Rickinson, M. (2007) 'Working with users: Some implications for educational research', *British Educational Research Journal, 33,* 5: 647-661.

Einarsdottir, J. (2007) 'Research with children: Methodological and ethical challenges', *European Early Childhood Education Research Journal, 15,* 2: 197-211.

Ekstedt, J. & Nomura, B. (2002) 'A place at the top table in South America', *Children's Rights Information Network News, 16*: 15-16.

Emmison, M. & Smith, P. (2000) *Researching the Visual.* London: Sage Publications.

Ennew, J. & Plateau, D. (2004) *How to Research the Physical and Emotional Punishment of Children.* Bangkok: International Save the Children Alliance.

ESRC (Economic and Social Research Council) (1999) 'Children 5-16 Research Programme'. Available at: http://www.hull.ac.uk/children5to16programme/ (accessed 20 February 2004).

ESRC (2005) *Research Ethics Framework.* Swindon: ESRC.

ESRC (2009) *Framework for Research Ethics.* Swindon: ESRC.

EC (European Council) (2001) *Clinical Trials Directive 2001/20/EC.* Brussels: EC.

EU (European Union) (n.d.) RESPECT. Available at: http://www.respectproject.org (accessed 25 July 2010).

Evans, R. & Becker, S. (2009) *Children Caring for Parents with HIV and AIDS: Global Issues and Policy Responses.* Bristol: Policy Press.

Faden, R. & Beauchamp, T. (1986) *A History and Theory of Informed Consent.* New York: Oxford University Press. 〔フェイドン, R.・ビーチャム, T.／酒井忠昭・秦洋一・訳 (1994)『インフォームド・コンセント——患者の選択』みすず書房〕

Farrell, A. (ed.) (2005) *Ethical Research with Children.* Buckingham: Open University Press.

FDA (Food and Drugs Administration) (1997) *Federal Register, 62*: 43900-16.

Finch, J. (1984) '"It's great to have someone to talk to": Ethics and politics of interviewing women', in Bell, C. & Roberts, H. (eds.) *Social Research: Politics, Problems, Practice.* London: Routledge, pp.166-180.

Fisher, C. (2003) 'A goodness of fit ethic for child assent to nonbeneficial research', *The American Journal of Bioethics, 3,* 4: 27-28.

France, A. (2000) *Youth Researching Youth: The Triumph and Success Peer Research Project.* Leicester: NGA/JRF.

Franklin, B. (ed.) (2002) *The New Handbook of Children's Rights.* London: RoutledgeFalmer.

Gallagher, M., Haywood, S., Jones, M. & Milne, S. (2009) 'Negotiating informed consent with children in school-based research: A critical review', *Children and Society,* online early view.

Galloway, D., Armstrong, D. & Tomlinson, S. (1994) *The Assessment of Special Educational Needs: Whose Problem?* London: Longman.

Global Humanitarian Forum (2009) *Human Impact Report: Counting the Human Cost of Climate Change.* Geneva: United Nations.

Gibson, F. & Twycross, A. (2007) 'Children's participation in research', *Paediatric Nursing, 19,* 4: 14-17.

Giddens, A. (2009) *The Politics of Climate Change.* Cambridge: Polity.

Gillick v. *West Norfolk and Wisbech AHA* 1985 1 All ER.

Gillon, R. (ed.) (1986) *Philosophical Medical Ethics.* Chichester: Wiley.〔ギロン, R.／三吉敏博・訳 (1992)『哲学的医の倫理』木鐸社〕

Gokonyo, C. (2008) Taking social relationships seriously: Lessons learned from the informed consent practices of a vaccine trial on the Kenyan coast', *Social Science and Medicine, 67,* 5: 708-720.

Goodenough, T., Williamson, E., Kent, J. & Ashcroft, R. (2003) '"What did you think about that?" Researching children's participation in a longitudinal genetic epidemiological study', *Children and Society, 17,* 2: 113-125.

Goodenough, T., Williamson, E., Kent, J. & Ashcroft, R. (2004) 'Ethical protection in research: Including children in debate', in Smyth, M. & Williamson, E. (eds.) *Researchers and Their 'Subjects'. Ethics, Power, Knowledge and Consent.* Bristol: Policy Press, pp.55-72.

Gordon, D., Adelman, L., Ashworth, K., Bradshaw, J., Levitas, R., Middleton, S. et al. (2000) *Poverty and Social Exclusion in Britain.* York: Joseph Rowntree Foundation.

Gordon-Smith, P. (2009) 'The morality of young children in their early years setting', *Childhoods Today.* Available at: http://www.childhoodstoday.org/journal.php (accessed 25 July 2010).

Gorringe, T. (1999) *Fair Shares; Ethics and the Global Economy.* London: Thames & Hudson.

Grodin, M. & Glantz, L. (1994) *Children as Research Subjects: Science Ethics and Law.* New York: Oxford University Press.

Hallowell, N., Lawton J. & Gregory, S. (eds.) (2005) *Reflections on Research: The Realities of Doing Research in the Social Sciences.* Maidenhead: Open University Press.

Harcourt, D. & Conroy, H. (2005) 'Informed assent: Ethics and processes when researching with young children', *Early Child Development and Care, 175,* 6: 567-577.

Hart, J. & Tyrer, B. (2006) *Research with Children Living in Situations of Armed Conflict: Concepts, Ethics and Methods.* Oxford: Refugee Studies Centre.

Hart, R. (1992) *Children's Participation: From Tokenism to Citizenship.* Paris: UNICEF.

Hart, R. & Lansdown, G. (2002) 'Changing world opens door to children', *CRIN News, 16*: 9-ll.

Hastings Center (2002) 'Empirical research on informed consent', *Hastings Center Report Special Supplement, 29,* 1: S1-S42.

Heath, S., Brooks, R., Cleaver, S. & Ireland, E. (2009) *Researching Young People's Lives.* London: Sage Publications.

Helgesson, G. (2005) 'Children, longitudinal studies, and informed consent', *Medicine, Health Care and Philosophy, 8*: 307-313.

Hill, M. (2004) 'Ethical considerations in researching children's experiences', in Greene, S. and Hogan, D. (eds.) *Researching Children's Experiences.* London: Sage Publications, pp.61-86.

HM Treasury, DCSF, DTI and DWP (2003) *Every Child Matters.* London: Stationery Office.

Hood, S. (2002/2004) *The State of London's Children.* London: Office of the Children's Rights Commissioner for

London, National Children's Bureau.

Hopkins, P. (2008) 'Ethical issues in research with unaccompanied asylum-seeking children', *Children's Geographies*, 6, 1: 37-48.

Howarth, R. & Hopscotch Asian Women's Centre (1997) *If We Don't Play Now, When Can We?* London: Hopscotch Asian Women's Centre.

Human Rights Act (1998) London: The Stationery Office.

Hutchfield, J. & Coren, E. (2011) The child's voice in service evaluation: Ethical and methodological issues. *Child Abuse Review, 20*, 173-186.

ICH (European Agency for the Evaluation of Medicinal Products) (2000) *ICH Topic E11 Note for Guidance on Clinical Investigation of Medicinal Products in the Paediatric Population.* London: CPMP/ICH/27/11/99.

Iltis, A. (2005) *Research Ethics.* Abingdon: Routledge.

Indian Medical Research Council (n.d.) *Guidance for International Collaboration for Research in Biomedical Sciences.* Available at: http://www.icmr.nic.in/guide.htm (accessed 24 February 2010).

International Federation of Journalists (1998) *Children's Rights and the Media: Guidelines and Principles for Reporting on Issues Involving Children.* London: IFJ.

IPCC (InterGovernmental Panel on Climate Change) (2007) *Fourth Report on Global Warming.* Available at: http://www.ipcc.ch (accessed 25 July 2010).

Iphofen, R. (2005) 'Ethical issues in qualitative health research', in Holloway, I. (ed.) *Qualitative Research in Health Care.* Maidenhead: Open University Press, pp.17-32.

Iphofen, R. (2009) *Ethical Decision Making in Social Research.* Basingstoke: Palgrave Macmillan.

Iphofen, R., Dench, S. & Huws, U. (2004) 'Ethical issues in cross-national research: The RESPECT Project in context', paper presented at the Impact of Social Science Research on Social Policy: Governance and Management, European Cross-National Research and Policy Conference, London, September.

Israel, M. & Hay, I. (2006) *Research Ethics for Social Scientists.* London: Sage Publications.

Jabeen, T. (2009) '"But I've never been asked!" Research with children in Pakistan', *Children's Geographies, 7,* 4: 405-419.

Jaffer, U. & Cameron, A. (2000) 'Deceit and fraud in medical research', *International Journal of Surgery, 4,* 2: 122-126.

James, A. & Prout, A. (eds.) (1997) *Constructing and Reconstructing Childhood.* London: Falmer.

John, T., Hope, J., Savulescu, J., Stein, A. & Pollard, AJ. (2008) 'Children's consent and paediatric research: Is it appropriate for healthy children to be the decision-makers in clinical research?', *Archives of Disease in Childhood, 93*: 379-383.

Karkara, R. & O'Kane, C. (2002) 'Young citizens for a new era in South and Central Asia', *Children's Rights Information Network News, 16:* 13-14.

Katz, A. (ed.) (2002) *Parenting Under Pressure: Prison.* London: Young Voice.

Kellett, M. & Nind, M. (2001) 'Ethics in quasi-experimental research on people with severe learning difficulties: Dilemmas and compromises', *British Journal of Learning Difficulties, 29:* 51-55.

Kellett, M. with Forrest, R., Dent, N. & Ward, S. (2005) 'Just teach us the skills please, we'll do the rest: Empowering ten-year-olds as active researchers', *Children and Society, 18,* 5: 329-343.

Kempf, H. (2008) *How the Rich are Destroying the Earth.* Totnes: Green Books.

Kendrick, A., Steckley, L. & Lerpiniere, J. (2008) 'Ethical issues, research and vulnerability: Gaining the views of children and young people in residential care', *Children's Geographies, 6,* 1: 79-93.

Kennedy, I. (1988) *Treat Me Right.* Oxford: Clarendon Press.

Kennedy, I. (2001) *The Report of the Independent Inquiries into Paediatric Cardiac Services at the Royal Brompton Hospital and Harefield Hospital.* London: Stationery Office.

Kessel, R. (1989) '(Mis)inderstanding Cleveland: Foundational issues and the sexual abuse of children', *Paediatric and Perinatal Epidemiology, 3*: 347-352.

King, M. & Yuille, J. (1987) 'Suggestibility and the child witness', in Ceci, S., Toglia, M. & Ross, D. (eds.) *Children's Eyewitness Memory.* New York: Springer Verlag, pp.24-35.

Kingsman, S. (1992) 'Periods of anxiety', *Health Education, 92*: 9-12.

Kirby, P., Lanyon, C, Cronin, K. & Sinclair, R. (2003) *Building a Culture of Participation: Involving Children and Young People in Policy, Service Planning, Delivery and Evaluation.* London: DfES.

Knox, C.A. & Burkhart, P.V. (2007) 'Issues related to children participating in clinical research', *Journal of Pediatric Nursing, 22,* 4: 310-318.

Ladd, R. (2003) 'Child assent revisited', *American Journal of Bioethics, 3,* 4: 37-38.

Lancaster, P. & Broadbent, V. (2003) *Listening to Young Children Training Pack.* Buchingham: Open University Press/McGraw Hill.

Laws, S., & Mann, G. (2004) *So You Want to Involve Children in Research? A Toolkit Supporting Children's Meaningful and Ethical Participation in Research Relating to Violence against Children.* Stockholm: Save the Children.

Lawson, E. (1991) 'Are Gillick rights under threat?', *Childright, 80*: 17-21.

Leathard, A. & McLaren, S. (2007) *Ethics.* Bristol: Policy Press.

Lewis A. (2002) 'Accessing, through research interviews, the views of children with difficulties in learning', *Support for Learning, 17,* 3: 110-116.

Lewis, J. (2002) 'Research and development in social care: Governance and good practice', *Research Policy and Planning, 20,* 1: 3-9.

Lolichen, P. (2006) *Children's Informed Participation in Governance.* Available at: http://www.workingchild.org (accessed 25 July 2010).

Lolichen, P. (2007) 'Children in the drivers' seat: Children conducting a study of their transport and mobility problems', *Children, Youth and Environments, 17,* 1: 238-256.

Lolichen, P., Shetty, A., Shenoy, J. & Nash, C. (2007) 'Children in the driver's seat', *Participatory Learning and Action, 56*: 49-55.

Lukes, S. (2008) *Moral Relativism.* London: Profile Books.

Lynas, M. (2007) *Six Degrees.* London: Fourth Estate.〔ライナス, M.／寺門和夫・監修・訳 (2008)『+6℃ ── 地球温暖化最悪のシナリオ』ランダムハウス講談社〕

Mauthner, M., Birch, M., Jessop, J. & Miller, T. (eds.) (2002) *Ethics of Qualitative Research.* Buckingham: Open University Press.

Marshall, P. (2007) *Ethical Challenges in Research Design and Informed Consent for Health Research in Resource-Poor Countries.* Geneva: WHO.

Mayall, B. (ed.) (1994) *Children's Childhoods, Observed and Experienced.* London: Falmer.

Mayall, B. (2002) *Towards a Sociology for Childhood.* London: RoutledgeFalmer.

Mayall, B. & Hood, S. (2001) 'Breaking barriers: Provision and participation in an Out-of-School Centre', *Children and Society, 15,* 70-81.

Mayor of London (2003) *Towards a child-friendly London. The Mayor's Children and Young People's Strategy.* London: GLA.

McLeod, J. & Thomson, R. (2010) *Researching Social Change: Inventing Adulthoods.* Available at: http://www.lsbu.

ac.uk/inventingadulthoods (accessed 10 March 2010).

MRC (Medical Research Council) (2004) *Medical Research Involving Children.* London: MRC.

Melvillle, R. & Urquhart, R. (2002) *Partners in Ethical Dilemmas: On Academics and Practitioners Collaborating.* Sydney: Uniting Care Burnside.

Mertens, D. & Ginsberg, P. (2009) *The Handbook of Social Research Ethics.* London: Sage Publications.

Miller, J. (1996/1998) *Never Too Young: How Young Children Can Take Responsibility and Make Decisions. A Handbook for Early Years Workers.* London: National Early Years Network and Save the Children.

Miller, N. (2002) *Environmental Politics.* New York: Routledge.

Miller, R. (2004a) *Children, Ethics and Modern Medicine.* Bloomington, IN: Indianapolis University Press.

Miller, R. (2004b) In Barnes, C. & Mercer, G. (eds) *Implementing the Social Model of Disability: Theory and Research.* Leeds: The Disability Press, pp.138-156.

Molyneux, S. & Geissler, P. (2008) 'Ethics and the ethnography of medical research in Africa', *Social Science and Medicine, 67,* 5: 685-695.

Monbiot, G. (2006) *Heat.* London: Penguin.

Schenk, K. & Williamson J. (2005) *Ethical Approaches to Gathering Information from Children and Adolescents in International Settings: Guidelines and Resources.* Washington, DC: Population Council.

Montgomery, H. (2007) 'Working with child prostitutes in Thailand: Problems of practice and interpretation', *Childhood, 14,* 4: 415-430.

Montgomery, J. (1992) 'Parents and children in dispute: Who has the final word?', *Journal of Child Law,* April: 85-89.

Morris, J. (1998) *Don't Leave Us Out! Involving Disabled Children and Young People with Communication Impairments.* York: Joseph Rowntree Foundation.

Morrow V. (1998) '"If you were a teacher, it would be harder to talk to you": Reflections on qualitative research with children in school', *International Journal of Social Research Methodology, 1,* 4: 297-313.

Morrow V. (2001) 'Using qualitative methods to elicit young people's perspectives on their environments: Some ideas for community health initiatives', *Health Education Research; Theory and Practice, 16,* 3: 255-268.

Morrow, V. (2005) 'Ethical issues in collaborative research with children', in Farrell, A. (ed.) *Ethical Research with Children.* Buckingham: Open University Press, pp.150-165.

Morrow, V. (2008) 'Ethical dilemmas in research with children and young people about their social environments', *Children's Geographies, 6,* 1: 49-61.

Morrow, V. (2009) The ethics of social research with children and families in Young Lives: Practical experiences', *Working Paper No 53.* Oxford: Young Lives. Available at: http://www.younglives.org.uk (accessed 25 July 2010).

Morrow, V. & Richards, M. (1996) 'The ethics of social research with children: An overview', *Children and Society, 10*: 90-105.

Mudaly, N. & Goddard, G. (2006) *The Truth Is Longer Than a Lie: Children's Experiences of Abuse and Professional Interventions.* London: Jessica Kingsley.

Mudaly, N. & Goddard, G. (2008) 'The ethics of involving children who have been abused in child abuse research', *International Journal of Children's Rights, 17*: 261-281.

Munro, E. (2008) 'Research governance, ethics and access: A case study illustrating the new challenges facing social researchers', *International Journal of Social Research Methodology, ll,* 5: 429-439.

Murray, C. (2005) 'Children and young people's participation and non-participation in research', *Adoption and Fostering, 29,* 1: 57-66.

Murray, K. (1988) *Evidence from Children.* Edinburgh: Scottish Law Commission.

NCB (National Children's Bureau) (2003) *Guidelines for Research.* London: NCB. Available at: http://www.ncb.org.uk/ourwork/research_guidelines.pdf (accessed 18 February 2004).

NCH (National Children's Homes) (2001a) *Participating in Good Practice: A Resource Pack to Support User Participation in NCH Projects.* London: NCH.

NCH (2001b) *Positive Image: NCH Photographic Guidelines.* London: NCH.

NIH (National Institutes of Health) (2007) http://www.cirp.org/library/ethics/nuremberg (accessed 25 July 2010).

Nicholson, R. (ed.) (1986) *Medical Research with Children: Ethics, Law and Practice.* Oxford: Oxford University Press.

Neill, S. (2005) 'Research with children: A critical review of the guidelines', *Journal of Child Health Care, 9,* 1: 46-58.

Noyes, J. (1999) *The Voices and Choices of Children on Long-term Ventilation.* London: Stationery Office.

Nuffield Council on Bioethics (1999) *The Ethics of Clinical Research in Developing Countries.* London: Nuffield Foundation.

Nuffield Council on Bioethics (2005) *The Ethics of Research Related to Healthcare in Developing Countries.* London: Nuffield Foundation.

Nuremberg Code (1947) Available at: http://www.med.umich.edu/irbmed/ethics/ Nuremberg/NurembergCode.html (accessed 15 November 2002).

Nyambedha, E. O. (2008) 'Ethical dilemmas of social science research on AIDS and orphanhood in Western Kenya', *Social Science and Medicine, 67*: 771-779.

Oakley, A., Wiggins, M., Turner, H., Rajan, L. & Barker, M. (2003) 'Including culturally diverse samples in health research: A case study of an urban trial of social support', *Ethnicity and Health, 8,* 1: 29-39.

OCRCL (Office of the Children's Rights Commission for London) (2001) *Sort it out!: Report of survey of 3,000 young Londoners.* London: OCRCL.

OCRCL (2002a) *Advisory Board Handbook.* London: OCRCL.

OCRCL (2002b) *Children and Young People's Participation in Decision-Making in London.* London: OCRCL.

O'Kane, C. (2008) 'The development of participatory techniques: Facilitating children's views about decisions which affect them', in Christensen, P. & James, A. (eds.) *Research with Children.* London: RoutledgeFalmer, pp.136-159.

Osier, A., Street, C, Lall, M. & Vincent, K. (2002) *Not a Problem? Girls and School Exclusion.* York: Joseph Rowntree Foundation/National Children's Bureau.

Oswin, M. (1971) *The Empty Hours.* Penguin: Harmondsworth.

Parsons, R. (2005) 'Grief stricken: Zimbabwean children in everyday extremity and the ethics of research', *Anthropology Southern Africa, 28,* 3-4: 73-77.

Pearce, F. (2010) *People Quake.* London: Bantam Books.

Percy-Smith, B. & Thomas, N. (2010) *A Handbook of Children and Young People's Participation.* London: Joseph Routledge Foundation.

Phoenix, A. (1991) *Young Mothers?* Cambridge: Polity Press.

Pinson, H., Arnot, M. & Candappa, M. (2010) *Education, Asylum and The 'Non-Citizen' Child: The Politics of Compassion and Belonging.* Basingstoke: Palgrave Macmillan.

Plant, R. (1992) 'Citizenship in rights and welfare', in Coote, A. (ed.) *The Welfare of Citizens.* London: IPPR, pp.15-30.

Plumwood, V. (2002) *Environmental Culture: The Ecological Crisis of Reason.* London: Routledge.

Porter, G. & Abane, A. (2008) 'Increasing children's participation in transport planning: Reflections on methodology in a child-centred research project', *Children's Geographies, 6,* 2: 151-167.

Porter, G., Hampshire, K., Abane, A., Munthali, A., Robson, E. & Mashiri, M. (2010) 'Where dogs, ghosts and lions roam: Learning from mobile ethnographies on the journey from school', *Children's Geographies, 8,* 2: 91-105.

Porter, G., Hampshire, K., Bourdillon, M., Robson, E., Munthali, A., Abane, A. & Mashiri, M. (2010) 'Children as research collaborators: Issues and reflections from a mobility study in sub-Saharan Africa', *American Journal of Community Psychology.*

Porter, J. & Lewis, A. (2001) *Methodological Issues in Interviewing Children and Young People with Learning Difficulties. ESRC Briefing Paper.* Birmingham: Birmingham University.

Powell, M. & Smith, A. (2006) 'Ethical Guidelines for research with children. Kotuitui', *New Zealand Journal of Social Sciences Online, 1*: 125-138.

Powell, M. & Smith, A. (2009) 'Children's participation rights in research', *Childhood, 16*: 124-142.

Prendergast, S. (1994) *This Is the Time to Grow Up': Girl's Experiences of Menstruation in School.* London: Family Planning Association.

Prendergast, S. (1995) '"With gender on my mind": Menstruation and embodiment at adolescence', in Holland, J. & Blair, M. (eds.) *Debates and Issues in Feminist Research and Pedagogy.* Buckingham: Open University Press, pp.196-213.

Price, D. (2008) *Anthropological Intelligence: The Deploymentand Neglect of Anthropological Knowledge during the Second World War.* Durham, NC: Duke University Press.

Punch, S. (2002) 'Research with children: The same or different from research with adults?', *Childhood, 9,* 3: 321-341.

Qvortrup, J. (2005) *Studies in Modern Childhood.* Basingstoke: Palgrave.

Qvortrup, J., Bardy, M., Sgritta, G. & Wintersberger, H. (eds.) (1994) *Childhood Matters: Social Theory, Practice and Politics.* Aldershot: Avebury.

Red fern, M. (2001) *The Royal Liverpool Children's Hospital Inquiry Report.* London: Stationery Office.

Roberts, I. & Godlee, F. (2007) 'Reducingthe carbon footprint of medical conferences', *British Medical Journal, 334*: 324-325.

Robertson, J. & Robertson, J. (1989) *Separation and the Very Young.* London: Free Association Books.

Robson, E. (2001) 'Interviews worth the tears? Exploring dilemmas of research with young carers in Zimbabwe', *Ethics, Place and Environment, 4,* 2: 135-142.

Robson, E., Porter, G. Hampshire, K. & Bourdillon, M. (2009) '"Doing it right?" Working with young researchers in Malawi to investigate children, transport and mobility', *Children's Geographies, 7,* 4: 467-480.

Robson, S. (2009) 'Producing and using video data in the early years: Ethical questions and practical consequences in research with young children', *Children and Society,* online early view.

RCPCH (Royal College of Paediatrics and Child Health) (1992/2000) 'Guidelines for the ethical conduct of medical research involving children', *Archives of Disease in Childhood, 82*: 177-182.

RCP (Royal College of Physicians) (1986) *Research on Healthy Volunteers.* London: RCP.

RCP (1990) *Guidelines on the Practice of Ethics Committees in Medical Research Involving Human Subjects.* London: RCP.

RCP (1990a) *Research Involving Patients.* London: RCP.

Ross, L. F. (2006) *Children in Medical Research: Access Versus Protection.* New York: Oxford University Press.

Samaritans (2008) *Media Guidelines.* Stirling: Samaritans.

Save the Children (1997) *Learning from Experience: Participatory Approaches in SCF.* London: Save the Children.

Save the Children (1999) *We Have Rights Okay!* London: Save the Children.

Save the Children (2007) *Why Social Corporate Responsibility is Failing Children.* London: SCF.

Schenk, K. & Williamson, J. (2005) *Ethical Approaches to Gathering Information from Children and Adolescents in International Settings: Guidelines and Resources.* Washington, DC: Population Council.

Scott, J., Wishart, J. & Bowyer, D. (2006) 'Do current consent and confidentiality requirements impede or enhance research with children with learning disabilities?', *Disability and Society, 21,* 3: 273-287.

Scottish Law Commission (1988) *The Evidence of Children and Other Potentially Vulnerable Witnesses.* Edinburgh: SLC.

Sharav, V. (2003) 'Children in clinical research: A conflict of moral values', *American Journal of Bioethics, 3,* 1: 1-99.

Shiva, A. (2000) *Tomorrow's Biodiversity.* London: Thames & Hudson.

Sime, D. (2008) 'Ethical and methodological issues in engaging young people living in poverty with participatory research methods', *Children's Geographies, 6,* 1: 63-78.

Skelton, T. (2008) 'Research with children and young people: Exploring the tensions between ethics, competence and participation', *Children's Geographies, 6,* 1: 21-36.

Slesser, A. & Qureshi, Y. (2009) 'The implications of fraud in medical and scientific research', *World Journal of Surgery, 33,* ll: 2355-2359.

Smart, C, Neale, B. & Wade, A. (2001) *The Changing Experiences of Childhood: Families and Divorce.* Cambridge: Polity.

Smith, F. & Barker, J. (1999) *Child Centred After School and Holiday Care, Final Report to the ESRC.* Hilhngdon: University of Brunei.

Smith, F. & Barker, J. (2002) 'School's out', in Edwards, R. (ed.) *Children, Home and School.* London: RoutledgeFalmer, pp.57-74.

Smith, R., Monaghan, M. & Broad, B (2002) 'Involving young people as researchers: Facing up to the methodological issues', *Qualitative Social Work, 1,* 2: 191-207.

Smyth, M. & Williamson, E. (eds.) (2004) *Researchers and their 'Subjects': Ethics, Power, Knowledge and Consent.* Bristol: Policy Press.

Social Policy Association (2009) *Guidelines on Research Ethics.* London: SPA.

Solberg, A. (1997) 'Negotiating childhood', in James, A. & Prout, A. (eds.) *Constructing and Reconstructing Childhood.* Basingstoke: Falmer Press, pp.126-144.

Stainton-Rogers, R. & Stainton-Rogers, W. (1992) *Stories of Childhood: Shifting Agendas in Child Concern.* Hemel Hempstead: Harvester.

Stalker, K. (1998) 'Some ethical and methodological issues in research with people with learning difficulties', *Disability and Society, 1*: 5-19.

Stanley, B. & Sieber, J. (eds.) (1992) *Social Research on Children and Adolescents: Ethical issues.* Thousand Oaks, CA: Sage Publications.

Stephens, P. (2006) *Contemporary Environmental Politics.* Abingdon: Routledge.

Streuli, N. (2010) 'A study of how Peruvian children involved in a social protection programme experience well-being and poverty', unpublished PhD thesis, Institute of Education, University of London.

Sustainable Trials Study Group (2007) Towards sustainable clinical trials', *British Medical Journal, 334*: 671-672.

Swift, A. (1997) *Children for Social Change: Education for Citizenship of Street and Working Children in Brazil.* Nottingham: Educational Heretics.

Tafere, Y., Abebe, W. & Assazinew, A. (2009) 'Young Lives Ethiopia qualitative fieldwork 2 data gathering report',

Young Lives internal document. Oxford: Young Lives.

Tarling, R. (2006) *Managing Social Research: A Practical Guide.* London: Routledge.

Thomas, N. & O'Kane, C. (1998) 'The ethics of participatory research with children', *Children and Society, 12,* 5, 336-348.

Thomson, R. (2007) 'The qualitative longitudinal case history: Practical, methodological and ethical reflections', *Social Policy and Society, 6,* 4: 571-582.

Thomson, R. (2008) Unfolding Lives: Youth, Gender and Change. Bristol: Policy Press.

Tisdall, K., Davis, J. & Gallagher, M. (2009) *Researching with Children and Young People.* London: Sage Publications.

Turtle, K., McElearney, A. & Scott, J. (2010) 'Involving children in the design and development of research instruments and data collection procedures: A case study in primary schools in Northern Ireland', *Child Care in Practice, 16,* 1: 57-82.

Twum-Danso, A. (2010) 'The construction of childhood in Ghana', in Percy-Smith, B. & Thomas, N. (eds.) *A Handbook of Children and Young People's Participation.* London: Joseph Routledge Foundation, pp.133-140.

Twum Danso, A. (2009) 'Situating participatory methodologies in context: The impact of culture on adult-child interactions in research and other projects', *Children's Geographies, 7,* 4: 379-389.

UK Government (2007) *Report to the UN Committee on the Rights of the Child.* London: DCSF.

United Nations (1989) *Convention on the Rights of the Child.* New York: UNHCHR.〔「児童の権利に関する条約」全文は外務省の以下のサイトにある。http://www.mofa.go.jp/mofaj/gaiko/jido/zenbun.html 「子どもの権利条約(日本文)」全文はUNICEF の以下のサイトにある。http://www.unicef.org/tokyo/jp/The_Convention_on_the_Rights_of_the_Child_in_Japanese.pdf〕

United Nations (2009) *World Population Report.* New York: UN.

United Nations Committee on the Rights of the Child (1995, 2003, 2008) *Consideration of Reports Submitted by States Parties Under Article 44 of the Convention, Concluding Observations: United Kingdom of Great Britain and Northern Ireland.* Geneva: United Nations. Available at: http://www2.onchr.org (accessed 25 July 2010).

United States Department of Health & Human Sciences (n.d.) 'Special protections for children as research subjects'. Available at: http://www.hhs.gov/ohrp/children/ (accessed 24 February 2010).

Vakaoti, P. (2009) 'Researching street-frequenting young people in Suva (Fiji): Ethical considerations and impacts', *Children's Geographies, 7,* 4: 435-450.

Van Beers, H. (2002) 'Pushing the participation agenda - experiences from Africa', *Children's Rights Information Network News, 16*: 19-20.

Vennam, U. & Komanduri, A. (2009) 'Young Lives India qualitative fieldwork 2 data gathering report', Internal document. Oxford: Young Lives.

Verhaeghe, P. (2007) Health4Life conference. Available at: http://www.dcu.ie/health4life/conferences/2007 (accessed 10 March 2010).

Vernon, T. (1980) *Gobbledegook.* London: NCC.

Walsh, K. (2005) 'Researching sensitive Issues', in Farrell, A. (ed.) *Ethical Research with Children.* Buckingham: Open University Press, pp.68-80.

Ward, L. (1997) *Seen and Heard: Involving Disabled Children and Young People in Research and Development Projects.* York: Joseph Rowntree Foundation.

Wendler, D., Rackoff, J., Emanuel, E. & Grady, G. (2002) 'Commentary: The ethics of paying for children's participation in research', *Journal of Pediatrics, 141,* 2: 166-171.

Williamson, E., Goodenough, T., Kent, J. & Ashcroft, R. (2005) 'Conducting research with children: The limits of confidentiality and child protection protocols', *Children and Society, 19,* 5: 397-409.

Willett, R. (2009a) '"As soon as you get on Bebo you just go mad": Young consumers and the discursive construction of teenagers online', *Young Consumers: Insight and Ideas for Responsible Marketers, 10,* 4: 283-296.

Willett, R. (2009b) '"It feels like you've grown up a bit": Bebo and teenage identity', ESRC seminar series: The educational and social impact of new technologies on young people in Britain. Seminar Four, 2 March, LSE, London. Available at: http://www.education.ox.ac.uk/esrcseries/publications/index.php (accessed 25 July 2010).

Willow, C. (1997) *Hear! Hear! Promoting Children's and Young People's Democratic Participation in Government.* London: Local Government Information Unit.

Willow, C, Marchant, R., Kirby, P. & Neale B. (2004) *Young Children's Citizenship: Ideas Into Practice.* York: Joseph Rowntree Foundation.

Winter, K. (2009) 'Relationships matter: The problems and prospects for social workers' relationships with young children in care', *Child and FamilySocial Work, 14*: 450-460.

Winter, K. (2010a) 'The perspectives of young children in care: Implications for social work practitioners', *Children and Family Social Workers, 15,* 2: 186-195.

Winter, K. (2010b) *Building Relationships and Communicating with Young Children: A Practice Guide for Social Workers.* Abingdon: Routledge.

Woodhead, M. & Faulkner, D. (2000) 'Subjects, objects or participants? Dilemmas of psychological research with children', in Christensen, P. & James, A. (eds.) *Research with Children.* London: RoutledgeFalmer, pp.9-35.

WHO (World Health Organization), Research Ethics Review Committee (n.d.) *Informed Consent Template for Research Involving Children (Qualitative Studies).* Geneva: WHO. Available at: http://www.who.org (accessed 3 March 2010).

WMA (World Medical Association) (1964/2009) *Declaration of Helsinki.* Fernay-Voltaire: World Medical Association.

Young Lives (n.d.) *Memorandum of Understanding for Young Lives Field Researchers.* Oxford: Young Lives. Available at: http://www.younglives.org.uk

Young Lives (2006) *Fieldworker Instruction Handbook.* Oxford: Young Lives. Available at: http://www.younglives.org.uk

Young Lives (2009a) '"Nothing is impossible for me". Stories from Young Lives children'. Oxford: Young Lives. Available at: http://www.younglives.org.uk

Young Lives (2009b) Fieldwork manual. Young Lives internal document. Available at: http://www.you nglives.org.uk

有用なウェブサイト

（訳注：原著記載のリストは現在では名称、URLなどの変更でアクセスできないものが多く、2017/8/17現在の情報に改めた。）

Association of Internet Researchers: http://www.aoir.org/reports/ethics.pdf

American Anthropological Association: http://www.aaanet.org/committees/ethics/ethicscode.pdf

Brown University, The Collaborative Initiative for Research Ethics (CIRE): https://www.brown.edu/research/research-ethics/

British Educational Research Association, Revised Ethics Guidelines for Educational Research (2004): https://www.um.edu.mt/__data/assets/pdf_file/0004/55750/BERA.pdf

British Educational Research Association, Ethical Guidelines for Educational Research: https://www.bera.ac.uk/wp-content/uploads/2014/02/BERA-Ethical-Guidelines-2011.pdf?noredirect=1

British Psychological Society: Code of Conduct: https://beta.bps.org.uk/news-and-policy/bps-code-ethics-and-conduct

British Sociological Association, Guidelines on Ethical Research: https://www.britsoc.co.uk/ethics

British Sociological Association, Statement of Ethics Practice: https://www.britsoc.co.uk/media/24310/bsa_statement_of_ethical_practice.pdf

Higher Education Funding Council for England: http://www.hefce.ac.uk

Social Research Association: Ethics Guidelines: http://the-sra.org.uk/research-ethics/ethics-guidelines/

The Research Ethics Guidebook: http://www.ethicsguidebook.ac.uk/

Universities and Colleges Employer Association: Safety in Fieldwork, and Health and Safety Guidelines for Working Overseas: http://www.ucea.ac.uk/en/publications/index.cfm/guidance-on-health-and-safety-in-fieldwork

US Health & Human Services Department. Office for Human Research Protections: https://www.hhs.gov/ohrp/

USA research ethics guidance connected with international research: http://med.brown.edu/fogarty/consent.htm

「児童の権利に関する条約」全文は外務省の以下のサイトにある。
　http://www.mofa.go.jp/mofaj/gaiko/jido/zenbun.html
「子どもの権利条約（日本文）」全文はUNICEFの以下のサイトにある。
　http://www.unicef.org/tokyo/jp/The_Convention_on_the_Rights_of_the_Child_in_Japanese.pdf

索　引

■ 数字・アルファベット

18歳未満 under 18 years of age　3
1998年データ保護法 Data Protection Act 1988　41, 48, 49
COREC　→ 研究倫理委員会本部
CRAE の研究倫理声明 CRAE's Research Ethics Statement　81

■ あ行

アイ・コンタクト eye contact　54
アウトサイダー outsider　7, 8, 32
アーカイブする archiving　47, 161
アセント assent　140, 156
アフリカの子ども African children　147
医療研究 medical research　21, 32, 68, 101, 147, 186
　── における二重基準 double standard in ──　145
イメージ image　72
　広告における ── の使用 use of ── in advertising　186
　肯定的 ── positive ──　185
医療研究（保健医療研究）healthcare research　19, 90, 107, 111, 143
医療試験 medical trial　162
インサイダー insider　7, 8, 32, 101
インターネット internet　55, 59
　── 研究の倫理 ethics of ── research　55
インタビュー interview　2, 32, 41, 45, 53
　── の間の苦悩 distress during ──　37
　── のための場所を見出すことの難しさ the difficulties of finding a space for ──　51
インフォームドコンセント informed consent　15, 21, 55, 81, 108, 117, 140-142, 158-160, 163
ウェルカム・トラスト Wellcome Trust　112
英国社会学会 British Sociological Association：BSA　42, 141, 194
英国社会学会倫理ガイドライン BSA guidelines　42, 194
英国出生コホート研究 British birth cohort studies　157
英国の児童の権利連盟 Children's Rights Alliance for England: CRAE　79
エスノグラフィー研究 ethnographic study, ethnographic research　63, 83
大人の観点 adults' viewpoints　17
オプトアウト（参加拒否）opt-out　41, 43
オプトイン（参加選択）opt-in　41, 43
オープンエンドの研究 open-ended research　140
親 parents：
　── の許諾 ──' permission　140
　── の同意 parental consent　105
　── の同意の混乱 complications in parental consent　147
オンライン online：
　──・アイデンティティ ── identity　57
　── 研究 ── research　55
　── 研究における安全 safety in ── research　55
　──・コンサルテーション ── consultation　61

■ か行

介入 intervention　5
学習困難 learning difficulty　91
過少研究 under-research　31
過剰研究 over-research　31
過剰な保護 over-protection　48
仮想会議 virtual conference　89
価値観 values　9
学校を拠点とする行動プログラム school-based behaviour programme　18
家庭でのプライバシーの権利 privacy rights at home　51
仮名 pseudonym　53

関係 relationship　98
　契約—— contractual ——　98
　信頼—— —— of trust　98
　正しい—— right kinds of ——　98
刊行 publication　175
観察 observation　2
感情 emotions　64
間接費用 overhead costs　87
完全性 integrity　20
観点 viewpoints　17, 29, 32
関与の水準 levels of involvement　152
危害 harm　5, 20, 23, 31
　——からの保護 protection from ——　48
機会均等 equal opportunities　69
機関審査委員会 Institutional Review Boards: IRBs　2, 193
危険 risk　5
　——－利益査定 —— -benefit assessment　33
　——－利益分析 —— -benefit analysis　33
　——を引き受ける責任を研究者から参加者に移譲する transferring responsibility for —— -taking from the researcher to the participant　31
気候変動 climate change　89
期待される利益 hoped-for benefits　21
義務 duties　15, 23
義務論 deontology　23
偽薬 placebo　146
　——対照試験 —— trial　147
共感的技法 sympathetic technique　53
共同審査 collective reviews　101
拒否 refusal　9, 153
ギリック Gillick　141, 144, 153
　——からの撤退 retreat from ——　144
　——の有能な未成年者 the —— competent minor　141, 142
　——判決 —— ruling　141, 144, 147
苦悩 distress　37
繰り返される許諾と同意 repeated permission and consent　158
群 arm　146
ケア care　19, 24, 34, 106, 113, 130, 164
契約 contract　87, 91
研究 research：
　——者 researcher　8
　——チーム —— team　10
　——デザイン —— design　29
　——のテーマと範囲の枠組みを決める framing the topics and extent of the ——　67
　——方法 approach　9
　——目的 —— aims　15
　——報告書 —— report　2
研究倫理 research ethics　4
　——への関心の増大 growing awareness of ——　19
研究倫理委員会 Research Ethics Committees: RECs　2, 22, 39, 57, 91, 101, 103, 118, 142, 157, 193
研究倫理委員会本部 Central Office for Research Ethics Committees: COREC　142, 193
研究倫理委員会連合 Association of Research Ethics Committees: AREC　112
研究倫理ガイドライン research ethics guidelines　ii, 20, 142
権利 rights　1, 20, 23, 137, 155
権力 power　10
公益基金 charitable trust　196
後見 looked-after　44
　——される子どもの権利 —— children's rights　73
広告におけるイメージの使用 use of image in advertising　186
公正な代償 fair returns　94
肯定的イメージ positive image　185
肯定的指針 positive policy　189
公表 publish：
　——された報告書が持ちうる影響の倫理 ethics of the likely impact of the —— ed reports　185
　——の自由 freedom to ——　93
功利 utilities　41
　——主義 utilitarianism　24
国際的基準 international standards　111
コクラン共同計画 Cochrane Collaboration　89
国立児童局ガイドライン National Children's Bureau Guidelines　93
国連児童の権利条約 The United Nations Convention on the Rights of the Child: UNCRC　1, 77, 137, 138

国連児童の権利委員会 UN Committee on the Rights of the Child　79, 187
孤児 orphan　83
子ども children：
　　── とともに行う研究 research with ──　4, 6, 10, 39, 65, 68, 90, 105, 131, 152, 173, 175, 188, 191, 193
　　── と若者 ── and young people　3
　　── にデータ分析にかかわってもらう involving ── in data analysis　173, 174
　　── の意見 ── 's views　1, 32, 137, 159, 166
　　── の虐待 child abuse　38, 39
　　── の同意を尊重する respectin ── consent 137, 145, 147, 166, 167
　　── のニーズ ── 's needs　88
　　── の貧困 child poverty　96
　　── への影響を減らす reducing influences on ──　62
　　── を研究から排除する excluding ── from research　69
　　後見される ── の権利 looked after ── rights　73
　　モルモットとしての ── ── as guinea pigs　22
　　有能な ── competent ──　41
子どもへの投資 investing in children　82
好ましい実践 good practice　50
コバート研究 covert research　141
コミック comics　74
コミュニティ community　24, 57, 74, 76, 84, 97, 107, 112, 124, 130, 133, 161, 164
コンサルテーション consultation　1, 5, 9, 15, 37, 55, 78, 101, 112, 117, 139, 167, 176, 185, 191

■ さ行

最善の利益 best interests　64
搾取 exploitation　6
査定 assess　15
参加型アプローチ participatory approach　76
参加型研究 participatory research　75
参加型地域評価 participatory rural appraisal: PRA　76
参加型プロジェクト participatory project　1

参加型モザイク・アプローチ the participatory mosaic approach　19
参加候補者 potential participant　31
参加者 participant　3
　　── による検証 ── validation　132
支援 service　1
時間の経済的価値 financial value of one's time　97
資金提供 fund　87
　　── 者 funder　2
　　── 者との契約 contract with funder　91
資金の提供源 funding source　89
自己成就的予言 self-fulfilling prophecy　197
自傷 self-harm　56
持続可能な試験研究団体 Sustainable Trials Study Group　89
実施計画書 protocol　2
実践 practice　2
　　── 的な尊重 practical respect　45
　　好ましい ── good ──　50
　　包含的な ── inclusive ──　70
質問紙 questionnaire　2
児童虐待研究 child abuse research　38
児童の権利委員会ロンドン事務所 Office of the Children's Rights Commissioner for London　177
社会科学研究中央評議会 social science research central forum　114
社会調査研究 social research　1, 5, 6, 19, 22, 31, 37, 64, 67, 101, 103, 107, 111, 146, 167, 185, 194
　　── 者 social researcher　2, 5, 32, 87, 101, 113, 139, 142, 163
　　── 倫理機関の必要性　need for ── ethics authorities　139
社会調査研究倫理評議会 social research ethics forum　113
社会的排除 social exclusion　67, 71
写真 photographs　2, 63
「シャープトーク研究」Sharp Talk Study　56
集合的影響力 collective impact　183
重大性 severity　36
縦断研究への同意 consent to longitudinal research　157
「ジュネーブに備えよ」"Get Ready for Geneva"　79
守秘性 confidentiality　41-43, 47, 50, 52, 66, 81, 132,

索引 | 223

159, 174, 180, 181
　プライバシーと ── privacy and ── 46, 51, 56, 74
障害 disabled　176
正直 honesty　5
情報 information：
　── が開示された協力関係 informed partnership　166
　── に対する児童の権利 children's rights to ──　117
　── に基づいた選択 informed choice　112
　── リーフレット ── leaflet　117
情報公開法 Freedom of Information Act　49
将来の傾向 future trends　191
初期計画 initial plan　10
助言グループ advisory group　78
人権研究 human rights research　81
人権法 Human Rights Act　142
侵襲的 invasive　107
侵入的 intrusive　24
シンボル symbol　72
「スコットランドの子ども」Children in Scotland　69
「すべての子どもが大切」Every Child Matters　196
正義 justice　23
生起可能性 probability　36
政策 policy　10
　── 立案者 ── maker　2
政策実施 implementation　88
政治家 politician　88
成熟した未成年者 mature minors　140
制度上の問題 institutional problems　105
生命倫理 bioethics　22
　── 学に関するナフィールド評議会 Nuffield Council on Bioethics　112
双方向の情報 two-way information　131
ソーシャル・ネットワーキング・サイト social networking sites　60
尊重 respect　1, 20, 151, 165
　── 、包含と保護を結びつける combining ──, inclusion and protection　70
　子どもの同意を ── する respecting children's consent　137, 145, 147, 165, 167

実践的な ── practical ──　45
プライバシーの ── respecting privacy　41

■ た行

代理同意 proxy consent　130
立場 standpoints　17
地域の価値観 local values　58
地図 map　2
チャタムハウス・ルール Chatham House rules　47
直接的な利益 direct benefit　32, 141
治療的研究 therapeutic research　146
提言 advocacy　79
データアーカイブズ data archives　161
データ data：
　── の使用 use of ──　121
　── の二次的利用 secondary use of ──　47
　子どもに ── 分析にかかわってもらう involving children in ── analysis　137, 145, 147, 165, 167
データ保護法 Data Protection Act　41
伝統的な倫理 traditional ethics　26, 71
同意 consent　8, 15, 20, 23, 47, 105, 117, 137
　── と法 ── and the law　142
　── に関する国際的基準 international standards of ──　162
　── に関する2つの見解 two views of ──　152
　親の ── parental ──　105
　繰り返しの許諾と ── repeated permission and ──　158
　子どもの ── を尊重する respecting children's ──　137, 145, 147, 166, 167
　縦断研究への ── ── to longitudinal research　157
　代理 ── proxy ──　130
　二次的分析で使用するための ── ── to use data for secondary analysis　157
　未成年者に対する親の ── parents' ── for minors　145
同意書 consent form　57, 112, 129, 139, 143, 178
統制群 control group　121
匿名性 anonymity　42, 57, 59, 63, 66, 81, 174
取りやめる権利 right to drop out　154

224

■ な行

仲間研究者 peer researcher　76
二酸化炭素 carbon:
　── 監査 ── audit　90
　── 排出の対価 ── costs　89
　── 排出量 ── emissions　89, 90
二次的研究 secondary research　45
二次的データ分析 secondary data analysis　159
二次的分析 secondary analysis　157, 197
　── で使用するための同意 consent to use data for ──　157
　── において増幅された倫理的問題 amplified ethical problems of ──　160
二重基準 double standards　68, 141, 145
日誌 diary　2, 45
ニュルンベルク綱領 Nuremberg Code　4, 20
人間になるもの human becomings　16
能力 competence　137, 144, 149, 152, 167, 191
　── の査定 assessing ──　149

■ は行

背景状況に応じた報酬の支払い payment in context　96
排除基準 exclusions criteria　68
働く子どもを支援する会 The Concerned for Working Children　175
発展途上国 developing worlds　3
半識字社会 semi-literate society　125
被験者 subject　3
非専門家 lay people　103
ビデオ video　2
批評者的な読者 critical readers　182
評価 evaluation　1
貧困 poverty　97
フォーカスグループ focus group　79
不介入 non-intervention　58
不確実性 uncertainty　5, 28
普及 dissemination　82, 175, 180
　── における諸問題 problems with ──　175
複合的方法 mixed methods　18
福祉 welfare　5, 39
負担 cost　31
不平等 unequality　26

プライバシー privacy　41, 51, 62
　── と守秘性 ── and confidentiality　46, 51, 56, 74
　── の尊重 respecting ──　41
文化的価値 cultural values　59
ヘルシンキ宣言 The Declaration of Helsinki　21, 23, 36, 142
　── のインフォームドコンセントの基準 ── standards of informed consent　142
包含 inclusion　2, 69, 70, 72, 75
　── 的な研究 inclusive research　68
　── 的な実践 inclusive practice　70
放棄 waiver　141
報告すること reporting　133
報酬の支払い payment　87, 93
　── のタイプ types of ──　94
　　背景状況に応じた ── ── in context　96
法的権利 legal rights　41
報道メディア news media　32, 179, 180
保健医療研究 healthcare research　19
保護 protection　21
補助金 grant　196

■ ま行

マイノリティ世界 minority world　4, 10, 90, 111, 112, 164
マジョリティ世界 majority world　4, 10, 51, 112, 164
見知らぬ者同士の親しさ intimacy between strangers　53
未成年者に対する親の同意 parents' consent for minors　145
3つのP 3 Ps　183
無作為試行 randomised trial　121
目的と方法 purpose and methods　15
モルモットとしての子ども children as guinea pigs　22

■ や行

薬物使用 substance use　63
誘因 incentive　94
有能な子ども competent children　41
ユースワーカー youth worker　22

養育 caring　31
予算を組むこと budgeting　87
予備的結果 preliminary findings　174
読み書き能力 literacy　70

■ ら行
利益 benefits　15, 23, 32
　期待される —— hoped-for ——　2
　最善の —— best interests　64
　直接的な —— direct ——　32
リサーチクエスチョン research question　15, 75, 87, 101, 114
離脱 withdraw　40, 55, 69, 85, 95, 98, 140, 146, 165, 168
理論 theory　16
倫理 ethics　3, 55, 91　→ 研究倫理, 生命倫理
　—— ガイダンス —— guidance　5, 87, 101, 131, 147, 167, 185
　—— ガイドライン —— guideline　9, 20, 42, 55, 68, 71, 94, 101, 113, 142
　—— 基準 —— standards　2, 4, 5, 22, 81, 87, 110, 193
　—— 審査 —— review　5, 110, 111
　—— 的規制の必要性 need for ethical controls　32
　—— 的検討 ethical review　6, 187
　—— 的承認 —— approval　2
　—— 的調停者 ethical mediator　195
　—— 的問い ethical questions　1, 2, 6, 9, 10, 15, 18, 29, 42, 58, 76, 92, 93, 117, 157, 173, 174, 183, 191, 196
　—— 的問題 ethical problems　1, 38, 67, 89, 113, 156, 191, 183
　—— 的枠組み —— frameworks　23
　公表された報告書が持ちうる影響の —— —— of the likely impact of the published reports　185
　伝統的な —— traditional ——　26, 71

■ わ行
若い介護者 young carer　17
「若者の生活」Young Lives　96, 125, 133, 155, 158, 160

訳者紹介

斉藤こずゑ（さいとう　こずゑ）
新潟市生まれ。東京女子大学文理学部心理学科，東京大学大学院教育学研究科教育心理学専攻修了。現在國學院大學文学部教授。専門は発達心理学，研究者倫理。
本書に関連する著書に，『心理学・倫理ガイドブック ── リサーチと臨床』（共編著，2000，有斐閣），『発達科学ハンドブック2　研究法と尺度』（「第18章　発達研究における倫理」日本発達心理学会編，2011，新曜社）がある。

子ども・若者とともに行う研究の倫理
研究・調査にかかわるすべての人のための実践的ガイド

初版第1刷発行　2017年11月20日

著　者　プリシラ・オルダーソン&ヴァージニア・モロウ
訳　者　斉藤こずゑ
発行者　塩浦　暲
発行所　株式会社　新曜社
　　　　101-0051　東京都千代田区神田神保町3－9
　　　　電話 (03)3264-4973 (代)・FAX (03)3239-2958
　　　　e-mail : info@shin-yo-sha.co.jp
　　　　URL : http://www.shin-yo-sha.co.jp
組版所　Katzen House
印　刷　新日本印刷
製　本　イマヰ製本所

Ⓒ Priscilla Alderson, Virginia Morrow, Kozue Saito, 2017
Printed in Japan　ISBN978-4-7885-1497-3 C3030

―――― 新曜社の本 ――――

SAGE 質的研究キット 全8巻（＊は既刊）

＊1.	質的研究のデザイン	フリック, U. 鈴木聡志（訳）	A5判196頁 本体2100円
＊2.	質的研究のための「インター・ビュー」	クヴァール, S. 能智正博・徳田治子（訳）	A5判268頁 本体2700円
＊3.	質的研究のためのエスノグラフィーと観察	アングロシーノ, M. 柴山真琴（訳）	A5判168頁 本体1800円
4.	質的研究のためのフォーカスグループ	バーバー, R 大橋靖史他（訳）.	準備中
＊5.	質的研究におけるビジュアルデータの使用	バンクス, M. 石黒広昭（監訳）	A5判224頁 本体2400円
＊6.	質的データの分析	ギブズ, G. R. 砂上史子・一柳智紀・一柳梢（訳）	A5判280頁 本体2900円
7.	会話分析・ディスコース分析・ドキュメント分析	ラプリー, T. 大橋靖史（訳）	準備中
＊8.	質的研究の「質」管理	フリック, U. 上淵寿（訳）	A5判224頁 本体2400円

ワードマップ・シリーズ

質的心理学 創造的に活用するコツ	無藤隆・やまだようこ・南博文・ 麻生武・サトウタツヤ（編）	四六判288頁 本体2200円
フィールドワーク 増訂版 書を持って街へ出よう	佐藤郁哉	四六判320頁 本体2200円
グラウンデッド・セオリー・アプローチ 改訂版 理論を生みだすまで	戈木クレイグヒル滋子	四六判192頁 本体1800円
現代エスノグラフィー 新しいフィールドワークの理論と実践	藤田結子・北村文（編）	四六判260頁 本体2300円
エスノメソドロジー 人びとの実践から学ぶ	前田泰樹・水川喜文・ 岡田光弘（編）	四六判328頁 本体2400円
会話分析・ディスコース分析 ことばの織りなす世界を読み解く	鈴木聡志	四六判234頁 本体2000円
ＴＥＡ理論編 複線径路等至性アプローチの基礎を学ぶ	安田裕子・滑田明暢・ 福田茉莉・サトウタツヤ（編）	四六判200頁 本体1800円
ＴＥＡ実践編 複線径路等至性アプローチを活用する	安田裕子・滑田明暢・ 福田茉莉・サトウタツヤ（編）	四六判272頁 本体2400円

質的心理学ハンドブック	やまだようこ・麻生　武・サトウタツヤ・ 能智正博・秋田喜代美・矢守克也（編）	A5判600頁 本体4800円

（表示価格は税抜きです。）